宁波传统村落田野调查

本系列图书为

2020年度国家出版基金项目

2016年度宁波市文化创新团队项目

宁波市艺术发展基金支持资助

 你们是传统村落保护的志愿者，我也是志愿者，我们共同努力，把中国传统村落保护好，守护中华民族的乡愁。

冯骥才先生会见宁波市国家级传统村落立档调查志愿者

宁波市国家级传统村落立档调查培训班全体成员

《宁波传统村落田野调查》编委会

总 顾 问　冯骥才

名誉主任　郁伟年

主　　任　杨　劲　王晓勇

副 主 任　施孝峰　周静书　方飞龙　邵方毅

委　　员　邵　斌　王亦建　刘尚才　张　琳
　　　　　　童银舫　鲁永平　戴余金　王伟军
　　　　　　陈素君　陈可伟　卢圣贵

主　　编　周静书

田野调查

周静书 主编

陈引轮 编著

宁波出版社

图书在版编目（CIP）数据

宁波传统村落田野调查. 栖霞坑村 / 陈引轮编著. —宁波：
宁波出版社，2020.5
 ISBN 978-7-5526-3723-6

Ⅰ. ①宁… Ⅱ. ①陈… Ⅲ. ①村落—调查报告—宁波
Ⅳ. ①K925.55

中国版本图书馆CIP数据核字（2019）第269594号

宁波传统村落田野调查·栖霞坑村

陈引轮　编著

出版发行	宁波出版社
地　　址	宁波市甬江大道1号宁波书城8号楼6楼
邮　　编	315040
联系电话	0574-87259609
网　　址	http://www.nbcbs.com
策划编辑	袁志坚
责任编辑	朱璐艳
封面设计	马　力
内页排版	金字斋
责任校对	虞姬颖
责任印制	陈　钰
印　　刷	宁波白云印刷有限公司
开　　本	787毫米×1092毫米　1/16
印　　张	11.75
字　　数	195千
版　　次	2020年5月第1版
印　　次	2020年5月第1次印刷
标准书号	ISBN 978-7-5526-3723-6
定　　价	80.00元

本书若有倒装缺页影响阅读，请与出版社联系调换，电话：0574-87248279

序

周静书

中国传统村落,是中华民族一份宝贵的文化财富,是中华优秀传统文化的重要体现。2012年,在冯骥才先生的倡导下,国务院决定推进传统村落的保护,由住建部等部门负责,评审公布中国传统村落保护名录。2014年,冯骥才先生以文化大家的先知卓见,亲力亲为,领导中国民间文艺家协会启动了中国传统村落立档调查工作。这是一项具有开创性的重大文化工程。宁波市民间文艺家协会积极响应,在2015年做出规划,用三年左右时间,完成宁波市第1至第3批18个国家级传统村落立档调查工作。2016年,我们对参加立档调查的骨干进行了集中培训,恰逢中国传统村落保护(鸣鹤)国际高峰论坛在宁波慈溪举行。冯骥才先生在鸣鹤古镇与参训人员见面,并满腔热情地鼓励:"你们是传统村落保护的志愿者,我也是志愿者,我们共同努力,把中国传统村落保护好,守护中华民族的乡愁。"这给宁波的民间文艺家以极大的鼓励。由此,我们形成了由50多位骨干,共100多人参与的立档调查团队。宁波市委宣传部、宁波市文联十分关心和重视,积极推荐，宁波市委办公厅下发文件，将传统村落立档调查团队列入2016年宁波市文化创新团队，给予重点支持。

传统村落的保护，不仅要保护大量的传统建筑和自然生态环境，更重要的是守护传统村落的文化灵魂，延续传统村落的文化血脉。传统村落保护是一项系统的工程，是一个完整的体系。传统建筑和自然环境是它物质性的有形文化符号，而真正代表传统村落精髓的是以非物质文化遗产为主体的民间文化。如果说建筑类的文化遗产是传统村落的躯壳，那么民间文化则是传统村落的灵魂，而且很多民间文化在当代社会中仍有重要的史料价值和现实意义。完整的传统村落形态，不仅包括古民居、庙宇、宗祠、古桥、古树等丰富的物质文化遗产，同时还应包括各种生产生活民俗、民间信仰、民间文学、手传民间技艺等非物质文化遗产。建立科学完备的传统村落档案，使传统村落的文档成为记录完整的地域建筑史、民情生存史和传统文化史的资料，从而为今后传统村落研究、保护和发展提供可靠的依据。正因为如此，传统村落的保护理当是整体性的保护，传统村落的物质资源和精神资源不能互相割裂。失去了精神层面的民间文化，就如切断了文化的血脉，传统村落徒有躯壳，就没有生命的活力。

民间文化是在漫长的农耕时代里积淀形成的文化遗产。村落建筑中存在着传统技艺等非物质文化遗产，民众生产生活中遗存着大量的民间信仰、民间风俗、民间故事、农谚歌谣、俗语老话甚至地名文化、土特产制作技艺等民间文化。许多民间文化是在与之相适应的文化土壤中产生和存在的。如对于所在村落的山、水，当地人会寄托美好的愿景，赋予它灵气，因而口耳相传着美丽的民间故事和歌谣，千百年不息地传承。俗话说"一方水土养一方人""十里不同风，百里不同俗"，每个传统村落都具有它独特的个性，这与它的自然环境、生活族群的历史变迁有密切的关系。每个传统村落的独特的民间信仰、民间风俗，以至民间传说、歌谣、谚语、谜语、老话、生产技艺等，组成了绚丽多彩的民俗风情画卷。它既彰显中华民族文化的共性，又体现一乡一村的个性。这种民间文化拥有它原初的特性和独有的文化意义，扎根于它生存的土壤。它直接表达了传统村落的精神特质，是村落的灵魂所在。多姿多彩的传统村落之所以至今仍魅力四射，正是因为它们各自蕴藏着丰厚独特的民间文化。今天对传统村落保护的文化战略意义，就在于为千姿百态的民间文化留住生存空间，让它们有效地传承下去，从根本上保护这些古村落形态的整体性和文化的延续性。

对于传统村落民间文化的抢救工作，民间文艺界和知识界理应率先行动，形成文化自觉，敢于担当，对历史和民族负责。面对浩如烟海的民间文化珍藏，我们本次田野调查期间，团队全体人员下沉到民间去，深入田野间，深挖细掘，逐一记录梳理，精心搜集，细心整理民间文化中各种类型、各种民俗事象，尽可能全面、真实、客观、准确，形成系统科学的文献档案资料。特别是诸位主创，遍访中老年原住村民，不厌其烦，反复追寻，不疏不漏，对年岁特别大的村民进行抢救性口述记录。我们深知错过了重要的知情人、见证人，就错过了历史，有些文化信息可能会从此湮没、消失。我们在这次田野调查中，历尽艰辛，不仅遍访村中的长住居民，而且对迁居到邻村、城镇，甚至远走他乡的村民也进行追踪调查采录，这着实是抢救性的工程，当我们整理定稿出版时，有些当年被采访的老人已驾鹤西去，真乃"时不我待"啊！

民间文化的丰富性体现在传统村落里，民间文化的精华扎根于传统村落里，民间文化的多样性显示在传统村落里，民间文化的独特魅力展现在传统村落里。只有抢救保护好民间文化，传统村落的保护工作才能达到科学完美的目标。只有坚持物质文化遗产保护与非物质文化遗产保护有机结合，才能实现建筑特质、风土人情、传统习俗、传统技艺等的合理利用，活态传承。只有保护利用好民间文化，传统村落的可持续发展才能有更旺盛的生命力和感召力，才能更有效地推进传统村落的美丽乡村建设科学发展。

2018年，中共中央、国务院印发了《乡村振兴战略规划（2018—2022年）》，在《弘扬中华优秀传统文化》中明确提出："实施农耕文化传承保护工程，深入挖掘农耕文化中蕴含的优秀思想观念、人文精神、道德规范，充分发挥其在凝聚人心、教化群众、淳化民风中的重要作用。"传统村落的田野调查，正是农耕文化传承保护工程的必要和重要的一环。我们希望这18部《宁波传统村落田野调查》能为传统村落保护和发展，为乡村文化振兴和民间文化传承，提供有力支撑。为宁波文化强市建设展示优秀传统文化魅力，同时能推动更多珍贵的传统村落进行抢救性立档调查，以守护乡村的文化灵魂，延续乡土的文化血脉，强盛城市的文化根基，为乡村振兴和美丽中国建设做出新贡献。

戊戌酷暑于堇山古村

目　录

调查实录

中国传统村落立档调查（文字）归档表 …………………… 003
一、村落风貌 …………………………………………………… 005
　　（一）地理位置 …………………………………………… 007
　　（二）村落概况 …………………………………………… 007
　　（三）历史追溯 …………………………………………… 007
　　（四）村域布局 …………………………………………… 009
　　（五）建筑特色 …………………………………………… 009
二、自然生态 …………………………………………………… 011
　　（一）山水特色 …………………………………………… 013
　　（二）植物资源 …………………………………………… 015
　　（三）动物资源 …………………………………………… 015
三、生产生活 …………………………………………………… 017
　　（一）农业种植 …………………………………………… 019
　　（二）山林特产 …………………………………………… 019
　　（三）商业 ………………………………………………… 020
　　（四）生活变迁 …………………………………………… 021
　　（五）文化教育 …………………………………………… 024
四、物质文化遗产 ……………………………………………… 027
　　（一）民居建筑 …………………………………………… 029
　　（二）宗祠、寺庙 ………………………………………… 029
　　（三）古桥 ………………………………………………… 031

五、非物质文化遗产 …… 033
　（一）工艺技艺 …… 035
　（二）民俗风情 …… 045
　（三）民间文学 …… 069
　（四）宗姓家谱 …… 075

六、诗文选录 …… 079
　（一）诗选 …… 081
　（一）文选 …… 087

七、乡贤英才 …… 089
　（一）古代先哲 …… 091
　（二）近代英才 …… 091
　（三）当代精英 …… 092

图 片 档 案

中国传统村落立档调查（图片）归档表 …… 095
A　村落面貌 …… 102
B　历史见证 …… 121
C　物质文化遗产 …… 136
E　民俗生活 …… 151
F　生产方式 …… 165
G　人物 …… 169
H　现状 …… 172

附录：国家级传统村落栖霞坑村立档调查人员名录 … 174

调查实录

一
二
三
四
五
六
七

— 村落风貌

— 自然生态

— 生产生活

— 物质文化遗产

— 非物质文化遗产

— 诗文选录

— 乡贤英才

中国传统村落立档调查(文字)归档表

村落名称:栖霞坑村
所属省市乡(镇):浙江省宁波市奉化区溪口镇
名录批次:第三批中国传统村落
名录之外:宁波市历史文化名村
调查时间:2016年1月—2018年8月
调查者:陈引轮
登记时间:2016年1月

编号	分项	内容	备注
1	年代	元代以前	—
2	形成原因	移民迁徙	—
3	类型	山地河谷	—
4	地质	断岩峡谷	—
5	自然面貌	栖霞坑村位于奉化西部四明群山中的河谷地带,小溪穿村而过,两岸分布着清至民国时期的各类建筑。宗祠、庙宇类建筑年代相对较早,民居保存较多,但年代不甚久远,建筑精美程度不高。	—
6	民族	汉族	—
7	姓氏	王、周、何、孙四姓为主,以王姓居多	—
8	人口	户籍人口679人	—
9	生产	种植水稻、花木	—
10	历史见证物	族谱:《王氏宗谱》《周氏宗谱》 庙宇:显应庙 祠堂:王氏宗祠、洽成祠堂(式穀堂)	—

续表

编号	分项	内容	备注
10	历史见证物	民居：洽成阊门（润庄）、三门头及村中心民宅 建筑：长寿桥、长安桥、永济桥	—
11	非物质文化遗产	浙东"唐诗之路"上有关栖霞坑（古名"桃花坑"）的古诗词、民国志士王恩溥的故事、关于栖霞坑村村庄来源的故事、民间文艺、民风民俗、民间文学、家训族训等。	—
12	自然遗产	筠溪、栖霞坑古道	—
13	现状	2013年，栖霞坑村被评为第二批宁波市历史文化名村；2014年，入选第三批中国传统村落；近年来，政府和村里投入大量资金，制定《栖霞坑村传统村落保护与发展规划》，保护与修复村里的古道、古桥、民居等，挖掘相关人文历史，努力再现古村昔日风采。	—
14	村落简介	栖霞坑村位于奉化溪口镇西部群山中的河谷地带，与余姚市四明山镇唐田村接壤，发源于村南培岭下的剡溪支流筠溪穿村而过，两岸分布着清至民国时期的各类建筑。全村现有270户，679人，村民以王姓、周姓为主。中华人民共和国成立后，曾在栖霞坑村设立过奉化市战备历史档案所。 　　村庄来源据栖霞四明《王氏宗谱》载：周灵王后裔（无忌之孙卑子），为避秦乱迁山东琅琊，因其出身王族，被称为"王家"，卑子的后代以"王"为姓。元朝始迁越州诸暨。《晋书》和《资治通鉴》等古籍记载，晋代王羲之（303—361），官至右军将军，曾任会稽（绍兴）内史。据四明栖霞《王氏宗谱》记述：东南之王氏始盛，嗣后有讳昌者奉敕宋明州都监，遂家奉化坊。明宪宗年间（约1478），郭下逮十三世徙居定海金塘山。其后裔朝镕公之孙三府君复自金塘山迁居栖霞。宗谱清晰地记述了四明栖霞王氏是王羲之后裔的事实。 　　栖霞坑村另一大姓为周姓。据栖霞《周氏宗谱》记载，周氏先祖晏义自江西迁来黄岩，驻扎奉川，于宋开庆元年（1259）择里奉广渡村。晏义公有一次访四明，见其山清水秀，遂安家于东岙。明神宗年间（约1586），德寿公由东岙卜居于此，距今已有四百余年。 　　村庄现有长寿桥、洽成祠堂、洽成阊门、显应庙、长安桥、王氏宗祠、永济桥、栖霞坑古道等古迹。 　　历代村景诗有王梦槐的《咏栖霞胜景》，《栖霞十景诗》（明代楼则中的《徐凫岩》、明代汪纶的《笔架秀峰》、毛润的《擂鼓潭》等），《栖霞八景诗》（董昌明的《鹰岩》、竺起蛟的《笔架秀峰》、王嘉友的《雷峰日照》等），《栖霞坑记》，等等。	—
15	其他	—	—

宁波传统村落田野调查·栖霞坑村

一 村落风貌

（一）地理位置

栖霞坑原名桃花坑，坐落在四明群山之中。栖霞坑村位于奉化溪口镇西部群山中的河谷地带，与余姚市四明山镇唐田村接壤。发源于村南培岭下的剡溪支流筠溪自西向东穿村而过，将整个村庄一分为二。溪上有长安桥、永济桥等建筑，两岸台地上分布着清至民国时期的各类建筑，如民居、祠堂、寺庙等。村南之山名雷峰山，村北之山名杨家地山，村西有一条古道通往余姚唐田村。栖霞坑村位于奉化溪口西北方向，沿309省道转入亭下湖畔盘山公路至董村，溯溪而上可达村口。

（二）村落概况

栖霞坑村由2个自然村组成，全村有270户，679人，有耕田409亩，山林3481亩。村庄坐落在山间，干净整洁。村域面积4.8平方公里，村庄占地面积200亩，为山地河谷地形，现常住人口190人，传统建筑共27处，占村庄建筑总面积的32%。

（三）历史追溯

据四明栖霞《王氏宗谱》载：周灵王后裔（无忌之孙卑子），为避秦乱迁山东琅琊，因其出身王族，被称为"王家"，卑子的后代以"王"为姓。元朝始迁越州诸暨。后从定海金塘迁至奉化柏坑，再迁至栖霞坑。

据《晋书》和《资治通鉴》等古籍记载，晋代王羲之（303—361），官至右军将军,曾任会稽(绍兴)内史。他生性耿直,为官清廉。53岁那年,因与扬州刺史王述不和,称病辞官,后定居会稽山阴,过起隐士生活。他自修道学,寻朋访友,游山玩水,垂钓弈棋,纵情书画,被世人称为"书圣"。晚年,移居奉化陆照(六诏)、万响林(晚香岭)、溪口等地。公元361年6月13日,卒于嵊州金庭华堂。其间,朝廷曾六次颁诏令王羲之入京从政,王羲之却淡泊名利,六拒诏书。当地人为了纪念王羲之的高风亮节,将陆照村名改为六诏,并在晚香岭村建造了一座王右军庙。据四明栖霞《王氏宗谱》记述:东南之王氏始盛,嗣后有讳昌者奉敕宋明州都监,遂家奉化坊。明宪宗年间(约1478年),郭下逮十三世徙居定海金塘山。其后裔朝镕公之孙三府君复自金塘山迁居栖霞。宗谱清晰地记述了四明栖霞王氏是王羲之后裔的事实。

栖霞坑村另一大姓为周姓。据栖霞《周氏宗谱》记载,周氏先祖晏义自江西迁来黄岩,驻扎奉川,于宋开庆元年(1259)择里奉广渡村。晏义公有一次访四明,见其山清水秀,遂安家于东岙。明神宗年间(约1586年),德寿公由东岙卜居于此,距今已有四百余年。

栖霞王氏、周氏承志勉学,人才辈出。据四明栖霞《王氏宗谱》记载,自清康熙起至民国,村中曾出过乡宾、廪生、国学生、职员、宣讲生、详士、议叙等41名。在式榖堂和润庄堂前,张贴有数十幅"捷报",可惜因年代久远,破旧剥落,字迹难辨。其中式榖堂大厅板壁上有一张残存的"捷报",其字迹依稀可见,上书:"贵府□□□应甲辰因科会试第二百二十四名进士"。此外,在王、周二姓宗谱的《世翰》中,记述有尚经公、尚孝公等乡间杰出人士40余位。当代王、周两姓村民在外出创业求职过程中,涌现了不少成功人士。

据《四明山志》记载,栖霞坑原名桃花坑,"在二十里云之南。山岩壁立数仞,延袤数百丈,其石红白相间,掩映如桃花初发,故名"。唐朝诗人陆龟蒙的《四明山九题诗》中有"云南更有溪,丹砾尽无泥"之句,"云南"即桃花坑,直至清末才改名为栖霞坑。

（四）村域布局

栖霞坑村处于笔架山与古火山雷峰山相拥的峡谷中，中间有小溪自西向东潺潺流过。村民依山傍水而居，村落前后延绵900余米，两头窄，中间宽，最宽处有200多米，整个村庄像船形分布在峡谷中。住宅除偶有几幢新建外，多为清一色的青砖黛瓦传统式民居，充分利用了山区地形地貌，错落有致，背山面水，既宜居，又极具观赏性。溪边和宅旁多植桃、李，春暖花开时节，在和煦的阳光下，泉声伴随着水中的花影，美不胜收。因为它的美丽，曾得名凤栖村，意为凤凰栖息之地。村中保留有洽成闾门（润庄）、洽成祠堂（式榖堂）、显应庙、王氏宗祠、长安桥、永济桥等清及民国时期的建筑。

小溪边有一条用碎石铺就贯穿全村的古道，相间丈许设一步阶。古道沿溪依山盘绕而上，从村口至南盘岭出口，足有10里长。溪对岸也有一条小道，跨溪筑有长寿桥、长安桥、永济桥等。

（五）建筑特色

栖霞坑村筠溪两岸分布着清至民国时期的各类建筑。宗祠、庙宇类建筑年代相对较早，民居保存较多，但年代不甚久远，建筑精美程度不高。

宁波传统村落田野调查·栖霞坑村

二 自然生态

（一）山水特色

1. 栖霞坑古道

栖霞坑村有一条穿村而过的古道。它东起四明重镇亭下"缸窑街"，经小晦岭、大智寺、水口庵、董村杨柳树街、栖霞坑，翻越四明山南麓的南培岭，至余姚唐田村；返到壶潭村，出东岭下的晦溪村，取岔道金山桥，可抵嵊州。沿西晦溪东行，经石门、葛竹等村，攀登驻岭，再过斑竹、木家滩村，爬越大晦岭、小晦岭，旋回亭下，全长约80里。这条古道，原是旧时四明山下沟通村落、抵达集镇、联络通信的一条驿道，也是当地村民的一条生命线。沿途让人流连的景致，藏着深厚的文化底蕴，是著名的"唐诗之路"东南线的重要组成部分。大诗人陆龟蒙、皮日休等曾途经古道，上雪窦山观光吟诗。西晦溪发源于余姚与奉化交界的秀尖山，是剡源的支流、甬江的源头，曲折蜿蜒东流，绕过山山弯弯，形成堪与剡源九曲媲美的晦溪九曲。晦溪村便因此溪得名。晦溪本名汇溪，有剡源与晦溪水在公棠汇合成剡溪的含义。据光绪《奉化县志》记载，宋代著名理学家、教育家朱晦翁（熹）走访单钦（崇疙），村人因而改村名汇溪为晦溪，以纪念晦翁；大、小晦岭之名，由唐末起义军黄巢南撤时，途经该两岭，天色已近黄昏而得。至夜，黄巢兵驻斑竹村西的一个邻村，该村村后有一条石阶小岭，遂被唤作驻岭，并作为该村村名，村中建有黄巢纪念馆。

古道是历史的见证，也是现代人探幽赏景的一条经典旅游线。2011年，栖霞坑古道入选"宁波十大文化旅游古道"，2015年入选奉化十大最美古道、宁波最美森林古道，2016年被评为省级最美森林古道。

2. 雷鼓潭

村东口有一个水潭，水深2米左右，潭边岩壁陡直，不能立足，上方有一块岩石向下腾空伸出，水流至其上，垂直滴落，铮铮有声，雄浑悠远，犹如远方雷声隆隆，又如擂鼓之声，故称雷鼓潭，亦称擂鼓潭。

3. 弥勒佛卧像

雷鼓潭上方原有一尊天然弥勒佛卧像，头西脚东，全身长9米多，宽3米多。一条腿平放，一条腿竖起，头如弥勒，眉清目秀，神态慈祥逼真，衣饰褶皱清晰，栩栩如生。如今因在下面建了栖霞坑水库，水流缓和，泥沙淤积，卧佛已被完全覆盖，不再可见。

4. 狮子山

狮子山位于鹰嘴岩口左边，形同狮子全身，山头尤其像狮子头，下部像滚球石。"文革"期间为了开凿渠道，"狮子头"被炸掉。狮子山历来为栖霞坑村关口要隘，现因修建公路又有所损坏。

5. 白象山

白象山位于鹰嘴岩右面，与狮子山相向而立，自古就是进栖霞坑村必经之地。白象山有白象的头、鼻、耳等形象。1958年"大跃进"，为了开通手拉车路，白象"脖子"被锯断，形象被破坏。1974年修凿渠道又遭破坏。1987年"7·30"洪灾，洪水冲走山上几人合抱的大树。

6. 笔架山

笔架山位于栖霞坑村东面，姚家村后面。其形状天然如同书房用的笔架，古称笔架山。它是助栖霞坑人读书、成名的风水宝山。

7. 鹰嘴岩

鹰嘴岩距栖霞坑村东5里左右，四面环山，都是岩石。与狮子山、白象山一样，也是村口重要关隘。其山形险恶，其中一块大岩石像雄鹰站立在山上，故称之为鹰嘴岩。如果独自一人行至此处，多半会望而生畏，心生恐惧。

（二）植物资源

植物资源主要是毛竹，其他还有松树、枫树等。

（三）动物资源

动物资源主要是牛、羊。牛是主要生产工具。羊主要用来养殖食用。其他家禽有鸡、鹅、鸭等，都是用来食用的。

宁波传统村落田野调查·栖霞坑村

三 生产生活

（一）农业种植

栖霞坑村的农业以种植业为主，主要种植水稻，辅以番薯、马铃薯、玉米、高粱、瓜类等作物。在水稻歉收的灾害之年，主要靠番薯、玉米、高粱等粮食作物充饥。

（二）山林特产

山林特产以毛竹、雷竹、花木为主。

1. 毛 竹

毛竹是栖霞坑村的主要山林资源，它是自然生长的资源，也有少量是人工栽培的。生长过程中需要人工培育，如施肥、松土等。过去施肥都是用有机肥，如牛粪、猪粪、嫩草、嫩树叶等。

民国时期，村民靠出售毛竹维持生计，比较大的毛竹运往外地造水排。最大的毛竹一株可达到150—160斤，称为大毛筒或排竹。出大毛筒的山主要有两脚裤、龙岩坑、下坪、里治坑等。近几年还有直径18—20厘米的毛竹生长。中华人民共和国成立后，每年有几十万斤毛竹出售给国家，数十万斤毛笋出售给食品厂。2005年，毛笋价格涨到每斤1.9—2元，山民收入成倍增加。后来食品厂慢慢倒闭，毛笋无人收购，毛竹也出现滞销。现在有数百万斤毛竹烂在山上，资源浪费严重。

2. 雷 竹

雷竹是20世纪80年代后期引进栽种的。因为地少，村里栽种面积不大。

3. 花 木

改革开放后，栖霞坑村一个很大的变化就是原来山地上种植的粮食作物慢慢改为花卉苗木。最早种植的只有王孝能、王亚良、周兰花、王小听、王宝国等少数几家，种的大多是红枫、五针松、桂花、樱花、海棠等，一开始收益很好，有效提高了种植户的生活水平。之后村民们纷纷效仿，全村开始大面积种植花卉苗木，从山地种植到农田。一眼望去，山上山下、村里村外到处都是花木。开始几年生意兴旺，价格也好。大的红枫可以卖到一万多元一棵，小的能卖300—600元一棵，60厘米以上每棵1200—2500元不等，长得好点的至少卖到2000元以上。樱花也同样值钱，好的农户一年能卖十几万，整个村子年收入达几百万。随着形势的变化，花卉市场开始不景气，村民的收入也每况愈下。

（三）商 业

民国时的小店主有太原里的时广、王国兴母，三门头的王圣贤和召广等人。中华人民共和国成立后有竺能庆、陈姣翠等人开个人商店，公社化时期供销社设立代销店，目前有周天民、王忠如等开店经商。民国时，王瑞火、王水晶等人到上海、宁波等地做生意，自己富了起来，也带动村人致富。民国后最有名望的商人数王忠桥，他同俞子良、陆银华等十户人家联合，在宁波百丈街开了家松泰笋干什货柴爿行，在宁波很有名气。他还担任过宁波江东工商协会会长。发家致富后，他为村庄建设出了不少力，得到村民的一致好评。

清朝年间，太原里有位先祖太公到江苏苏州发展，事业发达后，回家建造了一座有七间四厢房的大院子——太原阊门。后遭大火，万金大院毁于一旦。

先祖王海水，出门做生意，到下三府安吉地雇工烧炭，精打细算，经过几年打拼，终于积累了点财富。回家建造自家的房屋和祖祠，就是现存的洽成闾门和尚存一部分遗址的洽成祠堂。

太原家子孙王财信，在上海开了两家沙发厂。王长贵、王长法、王长位在上海也发展得很好。

油竹坪王生康拜师学艺，从小型修理作坊到后来在奉化自建工厂，精打细算，艰苦创业，事业有成，是村里首屈一指的创业达人。

王爱康，从小拜唐岳定为师，学做车床，发奋上进，从小型加工作坊起步，几年后在溪口开办小型加工厂，数年后发展成中兴全电器机械厂，近年在萧王庙街道扩建厂房。

王天威从农机厂学徒开始，经过长期努力，步步向上，从学徒升为车间主任。后因工厂解散，动员个人承包，他便大胆承包了这个中型加工厂。数年来不断积累，逐步扩展对外加工业务，发展了对外贸易。

（四）生活变迁

1. 照　明

1966年，村里用三年时间建造了白头湾水库，打通2千米渠道，建造了一个小型水力发电厂。1968年10月1日，家家亮起了电灯。从此电灯代替用了千百年的竹爿、松枝、煤油灯等，成为主要的照明工具。

2. 通　信

公社化时期，村里只有一部电话机。后随时代发展，家家户户慢慢有了家庭座机，现在成年人都有了手机。

3. 电器化

民国时期，村里人吃的米是用石碾子碾的，面是用石磨磨的。1968年后，碾谷不再用石碾子，改用电动脱壳机；磨粉不再用石磨，改用小钢磨，还有了做年糕的机器。此后村里共有轧米机2台，粉碎机2台，磨粉机数台，轧番薯粉机2台，还有其他小型机器。目前，村里新建了一座变电站。

4. 便民设施

水冲头竹管换铁管

栖霞坑村中间有个蓄水池，是通过竹管从山上引水到下头水池里的，故名水冲头。用竹管引水已逾数百年，因竹子经不起风吹雨打日头晒，每隔几年要更换一次。村民王孝安考虑到这样不仅要消耗很多毛竹，而且浪费人工，就想用铁管替代竹管。当时村里没资金更换，他就和堂姐王妙桂商量，由王应允资助500元。当时任村党支部书记的王亚良立刻组织人员，开始动工改造。三天时间完成。中间资金不足时，是王妙桂女士承担了全部费用。这项改造大大方便了村民生活，为村里人所称道。

5. 医疗保健

针灸师周祖福

周祖福平时以务农为主，有空就钻研医术，经过长期研究实践，终于在针灸方面有了突破。平常日子，他经常给前来就诊的人义务扎针治疗。不管是赤日炎炎的夏天还是寒风凛冽的冬天，总是随叫随到，从不推托。目前他已经九十高龄，还经常到外面给人看病扎针。他还救活过生命垂危的病人，如本村的王利国，小时候生病，病情严重，一度失去知觉，非常危险，经他几针治疗，被从死亡线上拉了回来，慢慢苏醒。周祖福还能用冷对（医疗上用的又尖又亮的钢刀）给病人挑痧。发痧的人四肢无力，头晕目眩，厌食恶心，经周祖福几刀下去，马上就舒服了。不知道有多少夏天发痧的人经过他的治疗而康复。周祖福不仅为民服务，还慷慨解囊，在公益事业上出资出力，真正称得上是德高望重、艺精人善的楷模式人物。

接骨师周仁财

周仁财老先生独立研究接骨技术，为病人解除痛苦，村里好几个人经他治疗，恢复如初。他还会脱肘复原，技术之高，令人叹服。当时村里有个叫周志青的，上学路上拾麦穗，突遇一条大蛇向他扑来，他惊恐万状，一不小心从8米高的岩上摔下，当即摔断了大腿骨头，病情十分严重。那时就是请周仁财先生医治的。他细心捏骨，把骨头接完整，再在伤口上敷上草药，最后用夹板绑住。换了几次药以后，到四个月时周志青便恢复如初，后来还能挑200多斤重的担子。

周仁财老先生不仅能给人接骨头，还能给牛接骨头。后来，他把接骨技术传给了他的儿子周涨全。周涨全学得了父亲的医术，也治好了许多断骨的病人。目前他家的接骨技术已经失传，但是接骨用的草药还是传了下来。周涨全的儿子周友良，也经常分文不取，为有需要的人送药。

治隐脚高手王金太

过去山里人因为贫困或者节约，平时走路一般都打赤脚，所以免不了脚底受损：或脚底嵌入石子，或踩到了毒虫，或被钉子之类刺伤等，容易患隐脚病。王金太一次走路时也遇到这样的情况，患了隐脚病，不能正常走路，只好拄着拐杖。后来，他遇到白壁村周卫川老先生，周先生有治疗此类疾病的独家秘方，便为他医治，并且将六个要害穴位传授于他。经过周卫川的几次治疗，王金太的隐脚病很快就好了，他也记住了这六个要害穴位，开始在村里为其他病人治疗。不管病情多严重，经过王金太几次治疗，都能很快好转。他挑隐脚的技术在当地传开了。他给人治疗，分文不取，之后又把这个技术传给了他的儿子王孝安。王孝安继承父业，也义务给人治病，在当地传为美谈。

接生婆金雪花

民国时期，村里有个有名的接生婆叫金雪花，她为村里的产妇接生孩子。如遇到生产不顺利的，她能耐心细致地照料，直至产妇顺利地将孩子生下来。她的技术有口皆碑，叫她接生，人们都很放心。

栖霞坑村有每年都有孩子出生，后经村里推荐，送王妙娣到卫生院学习接生，学成回村后接替金雪花的工作。王妙娣担任这项工作时也非常认真，对产妇很热情，悉心照顾，关怀备至。现在生孩子都要求到医院去，她也就不再干这个活了。

（五）文化教育

栖霞坑村从明末太祖三府开基后，村域面积不断扩大，随着房子、人口逐渐增多，文化事业也蓬勃发展。清朝时期，村里有些人家的子女去县城上学，求取功名，秀才王芝瑞就是其中一位。他回乡后，就在自家阊门内办起了村内第一所小学堂。当时有十几个孩子在他家上学读书，学习儒家经典。自此之后，每年都有好多孩子来他这读书。因为空间太小，当时村中的王芝祥提出，把学堂搬到长寿庵。搬了地方后，学堂大了，来上学的人也多了起来，教书先生也由一个增加到两个。清朝后期到民国期间，先后有本村人王安福、王祥兴、王忠杰，以及来自外乡的宁波女教师、亭下教师、唐田教师来此任教。当时，村里人王忠桥捐款为孩子们做了40套课桌椅。至1949年，学堂已有80名左右的学生。因为人数增加，长寿庵已不能满足教学需要，村领导跟学校商量后决定，将学堂搬到了现在的王氏宗祠里面。当时，老师有本村的王祥兴先生、奉化人陈益新老师、唐田付杏英老师；之后，陈澹似老师、上白村来的吴如辉老师、臼坑来的陈玉婷老师先后在学校任教。其中陈澹似老师任教数十年，兢兢业业，为栖霞坑孩子接受良好教育打下了扎实的基础，培养了不少有用的人才。如王忠维（王银贵）是村里的第一个大学生，分配在浙江省临海任专署专员；王忠显，毕业后分配到兰州市检察院担任检察员；王忠兆，师范毕业后担任小学校长。

1958年后，上小学的人更多了，教师队伍也扩大了，从原有的2人增加到6人。小学升级为高小级别学校，当时的校长是王忠日老师，共设立一到六年级六个班级，有130—140名学生。学校培养了大批的人才，如现任浙江省人民检察院副检察长的王祺国，曾任财政部华东三省一市财经部巡视员的王兰萍，浙一医院的博士医生周燕丰，在清华大学工作的研究生王刚，奉化区前任政法委书记王文国，监察局局长王国良等。

1968年后，学校规模更大。就读人数在200人左右，教师队伍从原有的6人增加到了10人。小学升级至戴帽初中。后来经过村委会领导和人民代表协商决定，在洽成闸门边上建造了一所新学校。1968年到1969年，在村里党员干部、广大积极分子和全体村民的共同努力下，一所九间二楼的大学校造好了。目前，这所学校的建筑尚存。

1980年后，在改革大潮推动下，村里的人口逐渐减少，学龄儿童也少了，学校规模缩小。2005年，撤销学校，村里的孩子就读于董村学校。如今，原校舍地块被开发成民宿，发展起旅游业。

栖霞坑村的教书先生，清朝和民国时期，先后有王芝瑞、王安福、王祥兴、王忠杰、王忠长；新中国成立后有王孝定、王忠日、王振行、王文国、王爱国、王康位、王忠盛，有居住在大树杨的王忠兆、王忠裕、王华龙、王华夫四兄弟，还有何国义和周华忠等人。这些教师有的一直在本村任教，有的后来到外地任教。如王祥兴先生，后来到江口以外的地方任教，当地的村民都很尊敬他，称赞他是好先生。许多老师业务过硬，比如王安福老师，一手大楷写得特好，闻名遐迩，人们提起他的字，都要跷起大拇指夸赞。新中国成立后，王振行到四明山任教数十年，青年女教师王元飞到宁波任教。

村民中，有很多人写得一手好字，如王祥安、王孝仁等，周惠康更了不起，一手小楷字迹工整，如同雕版印刷出来的一样，现在的鹰嘴岩、狮象亭仍留有他的小楷字迹。

宁波传统村落田野调查·栖霞坑村

四 物质文化遗产

（一）民居建筑

洽成闾门

又叫润庄，位于栖霞坑村村口。据口碑调查及有关资料记载，该闾门建于1870年左右，系王恩溥祖父王海水在湖州发迹后所建，现由王恩溥侄辈居住。王恩溥，革命党人，与蒋介石、陈其美一道革命，据传轻功相当好，能飞檐走壁。该闾门坐北朝南，占地1419平方米，分前后两进，东西厢房与偏厢皆为重檐硬山顶。大门位于前进外围墙正中，砖石结构，较简单。正门位于前进围墙正中，为砖石结构门楼，额书"润庄"二字，前进敞堂与后进围墙又设二门，也为砖石结构门楼。前进正屋面阔五间二弄，进深七柱八檩，中设敞堂，宽檐廊，设天花。后进正屋也面阔五间二弄，进深九柱十檩，中也设敞堂，前廊卷棚饰顶。两侧厢房各二间一弄，厢房两侧又有偏厢，东偏厢七间二弄，西偏厢八开间。

该闾门格局规整，规模较大，用材考究，正门门楼砖雕人物、倒挂狮子、花篮，相当精美，石框门雀替刻鹿、鹤，后进正屋月梁雕人物、凤凰，故艺术价值较高。

（二）宗祠、寺庙

1. 洽成祠堂

又叫式穀堂，位于栖霞坑村村口，系王恩溥祖父王海水发迹后个人出资于1896年建造，详情见《式穀堂碑记》。土改时分给村民，后村民多数不再居住，如今多数倒塌。该祠堂原为四合院，坐东朝西，占地556平方米，由门厅、厢房、戏台、正殿组成，山墙为五马头。现只剩正殿五开间，单檐硬山顶，明间梁架为五架梁带前双步，后一个单步一个双步，五柱十一檩，次间设中柱，梢间为穿斗结构。南厢房只剩一间，北厢房只剩两间。

该祠用材考究，一步梁雕金鸡，牛腿刻倒挂狮子，前廊卷棚饰顶，艺术价值较高。2013年4月被公布为奉化市级文物保护点。2014年夏天不慎失火，该祠全部焚毁，只剩下四面空墙。

2. 王氏宗祠

又名"敬承堂"，位于栖霞坑村中心。据口碑调查，祠堂始建于康熙戊申年（1668）。抗日战争时期被日军放火烧毁，1948年重建。当时由庆字辈牵头组织筹建。时任村保长的王长水以身作则，带领全村王姓子孙，大家有钱出钱有力出力，并由王瑞火到上海、宁波等地筹集资金。在全村王氏子孙的艰苦努力下，终于在同年12月17日建造完工。该建筑坐南朝北，占地569.7平方米，四合院式，前后两进，左右设厢房。第一进门厅两层，设上下檐，硬山造，面宽五开间，明、次间前檐出廊，施卷棚顶，月梁上雕刻双龙戏珠图，牛腿雕刻人物纹。外置扇面墙，青石基座。第二进正殿面宽五开间，明间梁架五柱十一檩，五架抬梁带前双步后一个双步一个单步。次间、梢间设中柱。前廊卷棚饰顶，月梁雕刻双凤朝阳图，牛腿刻饰花卉纹。厢房两层，二间一弄。

王氏宗祠格局规整，保存完好，建筑高大宽敞，用材粗大，月梁、牛腿上雕刻丰富、细腻，有一定的艺术价值。其中一进八根柱子为一棵树一分为八而立。2016年7月被公布为奉化市级文物保护点。

3. 显应庙

位于溪口镇栖霞坑村，据庙堂所挂堂匾记载，为清早中期建筑。据光绪《奉化县志》记载："显应庙，县西八十里栖霞坑，分祀萧世显。"该建筑坐南朝北，占地466.6平方米，四合院式，中轴线上依次为山门、戏台、大殿，左右设厢房。第一进山门面宽五开间，梁架三柱六檩，明间后檐设戏台，戏台用四柱，歇山顶，施藻井。戏台、大殿高高悬挂"赏善罚恶"的大匾。第二进大殿面宽五开间，明间梁架四柱九檩，五架抬梁带前后双步。次间、梢间设中柱。明间脊檩上悬匾一块，上书"德媲甘棠"四字，落款雍正乙卯岁（1735）。抗战时期，活动在四明山区的新四军三区支队指导员朱洪山，遭敌人围捕时，从栖霞坑村内的显应庙处脱险。

该庙格局规整，保存完好，尤其是戏台，藻井施叠拱，制作考究，且其年代久远，因此有较高的历史、艺术价值。2016年7月被公布为奉化市级文物保护点。

（三）古 桥

1. 长寿桥

单孔拱桥，明清时所建，长约8米，高4米。桥面上铺鹅卵石，桥墩老藤缠绕。桥上有一凉亭，是行人休息观景的休闲之所。

2. 长安桥

在显应庙的斜对面，旁有几株古樟，茂密的树荫下可见"长安廊桥"字样，该桥属单孔拱桥，横跨筠溪，建于清乾隆年间，至今250多年。桥长18米，拱高5米，鹅卵石装点桥面，桥上有长廊可挡雨遮阳。

3. 永济桥

位于村西口南培岭筠溪之上，建于清朝乾隆初年，也是一座单孔石砌古桥。它连着栖霞坑村的千年古道，曾是奉化去往余姚、绍兴的必经之路，亦是浙东唐诗之路的重要通道。

宁波传统村落田野调查·栖霞坑村

五 非物质文化遗产

（一）工艺技艺

1. 民间艺人

说唱艺人　王一夫　王良根　周召贵
篾匠师傅　周存火　王永言
木匠师傅　周春桂（小木师傅）　王金福（大木师傅）
泥水师傅　王福根　王福水　周国良
石匠师傅　王孝安　周小龙
箍桶师傅　何芝忠　王忠学
漆匠师傅　周惠康
雕花师傅　王瑞良
裁缝师傅　王财如
酿酒师傅　王小校
捏花草　竺桂莲　张宝翠
六灵课（马连课）　王永毛
包米　陈和菊　周涨女
养蜂师傅　王敦发　王财根　王松国　王孝听
讲筒　王恩友　王世法
果树种植能手　王永位　王阿登
燀羊尾笋　笋干王　王金太
针灸师　周祖福
挑隐脚　王金太
种田能手　王裕九　王更三
做柴爿　王祥夫
接骨师　周仁财
厨师　周火发　王松祥　竺桂莲　竺秋能　周明亮

接生婆　金雪花　王妙娣

铜匠师傅　王金福

铁匠师傅　周国方　王定光

书法　王安福　王祥安　周惠康

2. 民间工艺

木　匠

栖霞坑村历史上的木匠师傅在当地很有名气，如王秀利师傅，他的手艺堪称一流，大木小木都会做。他搭建过的戏台，建造过的大小庙宇、桥棚、房屋不计其数。同时他也带出了大批徒弟，有很多高徒，如周春桂，是最优秀的一个。他的手艺跟秀利师傅不相上下，也是有名的师傅，带出很多徒子徒孙，如岩坑村的王开贤、本村的王忠恕、尺树岗的竺金寿等。

民国时期，村里有个叫王金福的大木师傅，又叫阿福木匠，他做工很快，在亭下造街屋的时候很受当地人认可，很有名望。

新中国成立后，新的木匠师傅有王瑞良、周国能等，他们都有一手好功夫，称得上是好木匠，不比老底子的师傅差。

泥水匠

民国时，栖霞坑村的泥水匠，大大小小算起来有20人左右，其中有名气的师傅很多，如王福根。他一生学得多种手艺，称得上村子里的高手，能设计打样，能实地操作。本村1966年建造的白头亭水库，就是以他为首打样的。他还参加过横山水库、萧王庙高沙塘等工程的设计和施工，可谓文武双全。他在1958年加入中国共产党，为村里的社会事务做出了很大贡献。

王福水是学徒出身，受过名师指导，技术水平很高，人高马大，干活从不偷懒。栖霞坑寻车路、鹰嘴岩高墙都是在他的指挥下建筑完成的。鹰嘴岩高墙的高度有十米左右，长有二十米，40多年过去了，到目前为止，这堵墙历经沧桑，仍然挺立，没有改变，过往行人和业内人士都说这是高手作品。他于1965年加入中国共产党。

周国良从学艺以来，坚持自力更生、艰苦创业，逐步积累经验，曾设计建造了很多房子。他技艺高超,所做工程造型美观,色泽明亮,是目前栖霞坑村唯一一位有名的师傅。他在溪口等地从事建筑业,很多人在他那里当学徒,在他的带领下,都提高了经济收入,改善了生活,他也被人们称为"好师傅"。

石 匠

栖霞坑村民国时没有从事石匠行业的人,新中国成立后,在建造水库时有很多人学习打石炮、采石。王孝安18岁开始学习打石炮,后来学习采石,经过博采众长,刻苦钻研,终于完全学会了石匠的各项技术。在他的带领下,全村好几个人学会了采石技术,如周小龙、王福恩、王维生等。可惜王福恩、王维生两人已经离开人世,王孝安也年纪大了,力不从心,很少干石匠活儿。现在只有周小龙还在从事这个行当。

箍 桶

民国时,栖霞坑村有两个比较有名的箍桶师傅,一个是何芝忠,他从事这项工作多年,自拜师做学徒后,一直未改行。他技术精湛,制作的桶式样美观,质量好,村民都喜欢请他箍桶。另外一位叫王忠学,他性格急躁,做事快,做的东西质量没有何芝忠那样好,村里人有粗活时多叫他去做。现在这两位师傅都已经离开人世。

年轻人王方国曾做过箍桶这行,后因木桶被塑料桶取代,箍桶行业慢慢淡出社会,他也迫于生计而改行,做其他项目去了。

雕花工艺

王瑞良,今年70多岁,做木工为主,会雕花工艺。他在床上雕刻的花草、动物和人像作品,栩栩如生,惹人喜爱。

铜 匠

王金福,他的前半生都在艰苦环境里学习做铜匠。挑着铜匠担子,走南闯北,走门串户,给老百姓做锅铲、补锅、开锁……在余姚四明山区经常可以看到他挑着铜匠担子的身影。

篾 匠

民国时期有周存火、王永言两人。民国后有王东水、王财根等。近代有王显朝,技术很好,村民都喜欢他做的竹器物。

酿酒师傅

王小校酿酒技术比较好,过年时总要挨家挨户给人家酿酒。他酿造的酒质量很好,很受村民喜爱。

铁 匠

周国方,村里比较有名的铁匠,他的大徒弟王定光手艺也不错。

裁缝师傅

王财如是栖霞坑村有名的裁缝师傅。他出生于贫苦人家,从小拜师学做裁缝,长年累月挨家挨户给人家做衣裳,有时也到唐田村、三十六湾村等地做工。初时只能手工一针一线操作,后来用上了缝纫机。他八十多岁时还在给人家做衣服及其他布料用品。

漆 匠

民国时期的漆匠有周显老、周世全师傅。周惠康也是村里有名的漆匠师傅。他拜董村竺涨成师傅为师,拜师后刻苦钻研,传承师傅的手艺,逐渐开创了自己的事业。经过长期磨炼,写得一手好字。他写的小楷,字体美观,大小一致,如版印一样,人人称赞。至今,鹰嘴岩、狮象亭的柱子上还保存着他的字迹。

3. 生产技艺

抬树帮

栖霞坑村地处山区,山里出产大树,有较多林木资源。从前,把大树从山上搬运下来不仅需要力气,更需要技术,栖霞坑人的抬大树技术在溪口镇首屈一指,无人能敌。民国时,村里年轻力壮的村民组成抬树帮,经常到别的村去帮人抬树，成为本地有名的抬树帮。他们常去晦溪、驻岭、岩坑等地抬树，不知道为周边地区的村庄抬了多少大树。新中国成立后，十多个生产队，每队向国家出售很多树木，都是队员用肩膀抬到亭下木材公司的。最让人难忘的一次是 1960 年去四明镇龙岩岗抬大树。当时奉化造船厂陈志芳采购员在四明山看中一棵适合做船的桅杆的大树，长度为 7.5 米，直径为 1.3 米，重十几吨。木材看好了，可是因为龙岩岗地处偏僻山区，山高路窄，峰回路转，实在难以运到造船厂。陈志芳到处打听，终于找到栖霞坑抬树帮。经过双方协商，栖霞坑村人接受了这项艰巨的任务。当时组织了由 60 个村民组成的庞大队伍，以周召生、王金太、周祖安、王位康、王忠恩为首的 50 人去抬树，王金根等 10 人负责烧饭打杂，用了 5 天时间从龙岩岗，经过梨洲、北溪、板坑、徐凫、直夯、东夯、雪窦寺、入山亭，沿途逢山开路，遇水搭桥，顺利把树抬到溪口，得到了沿途群众的高度赞赏，被誉为宁波真正有实力的抬树帮。

挑　夫

当地也叫脚夫，是靠挑担子搞运输赚点劳力费维持生活的行业。因为栖霞坑村地处山区，山多地少，多数人依靠挑担来维持一家生活。最多时有 200 多人从事挑运。每逢毛竹大年，村里就有 80 万斤毛笋要运到亭下排埠头。当时的挑夫，多的能挑 300 多斤，少的也能挑 250 斤。从村里到亭下有 20 多里山路，很多时候，领头人挑上小晦岭了，后面的人还在洪村庙刚起身。在本村挑夫中，数周苗根的力气最大，一次能挑 350 斤至 400 斤，每次来回要走 40 多里路，称得上是真正有能耐的人。

养蜂人

王敦发，民国时期养蜂人，以养蜂为业，数十年如一日，风里来雨里去，受寒冬，冒酷暑，酿出的蜂蜜质量好、产量高，满足了当地人民的生活需求。新中国成立后，村里的王财根、王松国、王孝听等人也养过蜂。目前还有王定光、王宝国等在养蜂。

种　田

王裕九、王更三是村里的种田能手。

做柴爿

栖霞坑村位于山区,从前村民的主要收入大都来自卖树木、卖柴爿。大的树木整棵卖给山货商,小的树木做成柴爿卖掉。因此村里大部分男子都会做柴爿。把每根小树锯成一尺八分长,相当于现在的50厘米左右,破成几块碎片,然后打成一捆一捆的,这就是有名的"尺八桶巴"。很多人不仅在本村做,还到外地去做,一出去就是几个月。在做柴爿的行当中,王祥夫称得上能手。他做出的柴爿尺寸规整,外表光滑,很受柴爿行的欢迎。做柴爿的人,白天上山砍树做柴爿,晚上破树打捆,真是辛苦。

水果种植

王永位是民国时期种水果能手,主要种植柑橘、金柑和橘子。这几种水果是当时农家的主要收入来源。新中国成立后,组织合作社,他还帮助其他社员种植水果,增加家庭收入。

王阿登是种梨子的能手。他在自家山上种了100多棵梨树,经过精心培育,结出来的梨又大又甜水分又足,最大的一个有一斤重。此后梨村每年都结果,收入一年比一年多。梨子每到七月份就上市了。采摘后不仅在村子里卖,还运往外地去卖。

其他水果如水蜜桃、梨子、樱桃等,也有人种植。现在这些种水果的山地都改为种花木了。

做草鞋

从前,草鞋是村民生活的必需品。制作过程:把黄麻搓成绳子系在草耙子(农村打草鞋的工具)上,一般四根绳子为经线,另一端在制鞋者的腰部系着的一个可以打结的鞋耳子上挂住;把稻草的草衣剥去,再把稻草放在太阳底下晒至七八成干;把晒好的稻草搓成绳子,作为纬线,从脚趾一头按脚的大小、形状开始编织,直至全部结束。这种草鞋是村民上山干活必备的用品。

做麦秆扇子

过去因为生活困难,夏天用的扇子都是自己制作的,麦秆扇子就是其中之一。村民自己都会种小麦，然后利用麦秆废料制作扇子。制作过程：先取未经雨淋的麦秆数十斤，去穗去壳，取其一头一节，捆扎晾干；再准备适量棕榈扁丝，把棕榈扁丝穿在麦秆里，以增强韧性；然后用三根麦秆编花边，用五根麦秆或七根麦秆编成长条；接下去就是盘饼，用编成的长条盘成圆形或者心形的麦秆饼，并用丝线加固；最后一道工序是在盘好的麦秆饼周围缝上花边作为装饰，然后安上用竹条做成的扇柄即可。

茶业种植

1964年奉化县委委派童阿毛、李昌耀等7位工作组成员进驻栖霞坑，建立雷峰山茶牧场。由每个生产队抽出一个劳力，10个人组成一支开发队伍，王忠瑞为茶牧场第一任场长。1965年，茶牧场开垦了大片茶基地，建造了十几间房子，养牛七头，发展养猪场，产出茶叶近千斤卖给国家。村里还建造9间制作茶叶的机房，配备了制作茶叶的各种设备。后来因为管理不善，茶场渐渐荒芜。

4. 民间饮食

做糯米酒

当地的糯米老酒俗称"东堡老酒"，醇香甘洌，喝了能强身健体，祛湿御寒。因为酒性平和，老少皆宜，是宴请待客的传统佳酿。

制作过程：先制作白药。农历八月间，采集溪边、田头野生的辣蓼（需小叶开白花、味辣的那种，大叶、长得高大、味不辣的不顶用）。采来后洗净放在石臼中捣碎成糊状，取其汁备用。再将糯米磨粉同辣蓼汁拌和，以捏起来不湿不燥为宜，搓成乒乓球大小的米团，放在白篮中。白篮中要先垫些干的稻草，放完米团后上面再放些干的稻草，以保温保湿，使其发酵。24小时后，如白药变白，说明发酵完成，可以放在太阳底下暴晒，否则需要再放入白篮中保温发酵，直至变白。干燥后放进缸中或者其他陶制的中等容器中，保持干燥。

接下去就是制作糯米酒了。先选取新鲜、干燥、优质的糯米适量，用木砻加工成砻板面（即糙米），因精制糯米酿造的酒会浑浊，所以一定要用糙米。糙米淘净后浸泡12小时，捞出后放在蒸笼里蒸熟，然后用清水将米饭淋（水可循环使用）至40摄氏度，倒进篮中与药粉搅拌均匀，其比例为：一升米用乒乓球大小的白药一个。拌好后放在陶器中用手轻轻压一压，中间留个洞，用被子和棉衣等保温。24小时后，若米饭中间的洞中有积水了，说明米饭已经变成了酒酿。将酒酿打碎，再加入白药（比上次放的增加20%-30%）拌匀，倒进容器中（容器一般是酒坛或者缸）。再灌入凉开水，凉开水与糯米的比例为1∶1，然后用盖盖住，但不要密封。因酒酿在容器中还要发酵，所以要用木棒或者竹片经常搅动，以防发酵时溢出和发酵不均匀。一般来说，20天后即可饮用。

磨番薯粉做番薯粉丝

将收获的番薯洗净，磨成水粉。在没有机器前，都是在毛竹节上来回摩擦，手工磨成粉糊状的。用一个布袋，将磨成粉糊状的番薯粉放到一个木桶里榨洗，将淀粉榨出来。预计布袋里的淀粉榨尽了，把木桶里带有淀粉的水倒进缸里过一夜。第二天淀粉完全沉淀下来，倒掉上面的水，能见到下面厚厚的白色淀粉。用铲子把淀粉一块一块铲出来，放在白篮等竹制容器里，到太阳底下晒干，这就是当地人说的山粉。

粉丝制作：用缸或者盆加清水，按一定比例把番薯粉倒入缸内，搅拌成一定浓度的粉浆。将圆形的蒸笼放在煮沸水的锅上，蒸笼上放一块有一定密度的布，将粉浆一勺一勺地倒在蒸笼布上，盖上盖子蒸。蒸熟后打开盖子，就会看到黑褐色的山粉饼子。接着就是刨丝。把蒸熟的山粉饼子夹在刨丝机上，用刨丝机刨，粉丝就会慢慢出来，最后将刨出来的粉丝挂在竹竿上晾晒，干后即为番薯粉丝。

做米鸭蛋

每逢立夏，栖霞坑村与当地其他村一样，要做米鸭蛋，主要是农忙季节用来充饥当点心的。

制作过程：选择上好的糯米和粳米，以6∶4的比例混合轧成米粉。采集野生艾草，去掉老茎和黄叶子，洗净后放入适量的碱，大汤水煮。艾草熟而绿后，挤掉水分，剁碎。接下去就是制馅子，馅子有咸、甜两种，甜馅子多为黄豆粉、芝麻粉、糖混合而成，咸馅子多由猪肉、咸菜、竹笋混合而成。用石臼把一定比例的米粉、熟艾、水的混合物舂合成黏糊状，制作艾团。接着将鸭蛋大小的艾团做成开口蛋形状，加馅子后闭合搓成圆。将水烧开，放上羹架，再铺上一层白布，放上搓好的米鸭蛋。水沸腾后再蒸 15 分钟即可。取出后放在竹制的容器上，等凉了即可食用。

做麻糍

当地人在清明扫祭祖坟时，有分吃麻糍的习俗。

制作过程：主要食材是糯米、晚粳米、艾叶。先准备好糯米和粳米，按照一定比例调和，磨成粉，然后加水加熟艾做成团，放入锅内蒸熟。蒸熟后的团放入石臼内捣匀（也有用手揉匀的），再放在撒有松花粉的平板上用擀面杖擀平。最后把厚约一厘米的块状大饼切成大约五六厘米见方的方块即可。

奉化百姓普遍能制作麻糍，其手艺属于邻里互帮，集体传承。如今每逢清明，仍有许多人家亲手制作，但大多数人为了方便，直接从菜场购买。

用来祭祀祖宗的麻糍制作时有一定的禁忌，除在制作前洗手外，还要用糖水净手，以除晦气。同时，经期妇女不得参与制作。

燠芋艿

燠芋艿是本地村民餐桌上的家常菜肴。

制作过程：选取大小均匀的芋艿，洗净后将芋艿放入锅中，再放适量的盐，如果有咸菜的卤则更好。燠的时候火要旺，待到芋艿燠熟，猛火转文火，等芋艿皮起皱纹，外面又有细细的盐花，就算燠好了。燠时注意锅底的水不能完全干掉。

包粽子

粽子一般是端午节期间做的。

制作过程：首先是备料，选用黏性强的糯米放在碱水里浸泡，同时把箬壳放在清水里泡软。如要裹肉粽、豆粽，则需备好精肉、豆类（豆类需要提前浸泡）。接着是包扎，把箬壳卷成三角形，再把糯米放进去压结实，包好后用线扎牢。最后是烧煮，把裹好的粽子放在锅里煮，一般要煮两三个小时，待完全熟透后就算完成。

从前粽子一般是在端午节吃的，是女婿看望岳父岳母时带的礼品。现在平时也经常吃，市场上也有卖。

做羊尾笋

羊尾笋的原料一般是龙须笋,后来有了雷竹就改为雷笋。

制作过程:每百斤笋加食盐20斤,加清水5—10斤,用猛火烧两个小时,直至干燥,以笋表面有细小盐花为标准,不能燀焦。燀好后取出晾干,放在木桶里,约一个月后笋干变得白而干燥,再进行包装,可一年不变质。现在多用真空包装,能几年不变质。

做灰汁团

灰汁团是一种用新早米制成的点心。每年农历七月半左右,新谷丰收,家家户户就开始准备做灰汁团。

制作过程:早稻的稻秆(俗称红稻草)或蚕豆壳烧成灰,然后用清水浸泡,用白布过滤后取出汁水,这就是灰汁。用灰汁浸泡早米、新糯米或者新粳米,把浸泡过的糯米、粳米按2∶3的比例混合磨成水米粉。将盛在布袋里的水米粉用稻草灰吸干水分,在粉内掺入少量糖和碱水后搓成乒乓球大小的团子,最后把粉团放在蒸笼或者羹架里蒸熟即可食用。

灰汁团因为掺入碱水、灰汁、红糖做成团,食之糯韧、清香,食后不会积食,是旧时农民在田间劳动时常吃的点心,也是受现代人喜爱的小吃。

做浆板

浆板与酒类同性,具有驱寒祛湿之功效,但味甜性和,不似酒那样容易伤人,酒量不大的人也能食用,多用作各种汤汁点心的拌料,如浆板蛋、浆板汤团等。制作浆板是奉化民间一大习俗,尤其逢年过节,家家户户都要搭浆板。根据时节不同,浆板的称谓也跟着变化,比如清明前后搭的浆板叫作"清明浆板"。

制作过程:先烧一锅糯米或粳米饭,饭粒以比较干燥为宜。把米饭倒在稍平展的竹制器物上,加酒酿(俗称白药),拌匀,再把米饭结结实实地装入面盆或其他容器。饭块中间挖一个小孔(浆板酿熟时会渗出水),盖上盖子。再用棉被等物裹住保温,放在不透风的地方让其发酵。过几天即可食用。

5. 民间表演、民间游戏等

灯 会

民国时期村里有闻名遐迩的灯会活动，主要有莲花灯、画船、头牌、旗锣、大旗等。行灯会时，只要栖霞坑灯会出场，周围的观众就会齐声喝彩。上场有判官、无常、小鬼、刁刘氏等，其中扮演小鬼的会串门走户，常常吓坏小孩、乐坏大人。最有名的刁刘氏扮演者是王一夫老先生，他虽男扮女装，但表演得活灵活现，被人们称作"活的刁刘氏"。王一夫老先生还有拉胡琴、吹箫、打鼓等技艺，他把这些技艺毫无保留地传给了年轻人。

新中国成立后，村里成立村民越剧团，自编自演，剧目有《狸猫换太子》《十五贯》《双石图》《七星剑》等古装戏剧，后来有革命现代京剧《沙家浜》等。最有名的演员是王良根，他在《叶香盗印》《大堂会》等戏里男扮女装，扮演的叶香丫头和蔡兰英都很有名，且能自拉自唱，娱乐大众。

村民周召贵的演技也很好，他在《大会堂》里扮演的海棠丫头，活灵活现，人们对他的表演赞不绝口，记忆犹新。

还有王信如，他演丑角一向很好，深受观众喜爱。

（二）民俗风情

1. 传统节日

正月初一吃汤果、杨公忌日凡事不可做习俗

栖霞坑村处于山区，村民生活并不富足。人们期望在新的一年中能幸福美满、生活甜美。因此，在新年第一天有吃汤圆的习俗，俗称"正月初一吃汤果"。当天一早，全家老小要围坐在一起吃汤果，象征从新年第一天起，一家老小团团圆圆、和和美美。

"汤果"其实是用糯米粉做成的丸子。因为剡溪流域是山区，生活相对比较贫困，糯米丸子里一般不嵌入馅子，直接把糯米条搓成丸子下锅，配上浆板和

糖食用，这样煮出来的丸子像果子一样，所以叫"汤果"。生活条件相对好一些的地方一般都吃汤圆，里面有比较好吃的馅子。馅子一般由猪油、桂花、芝麻、白糖等制成。

正月十三是"杨公忌日"。这天，忌做活，忌出行。杨公忌日就是杨继业率领部队进军幽州中了埋伏战败、撞李陵碑而死的日子。人们为了纪念保国忠良，就把这一天定为"杨公忌日"。后因缅怀杨公之死，每一月都有一天定为杨公忌日，每逢此日凡事不可做，皆为不吉。

杨公忌日又称"杨公十三忌"。这十三个"忌日"分别是正月十三、二月十一、三月初九、四月初七、五月初五、六月初三、七月初一、七月廿九、八月廿七、九月廿五、十月廿三、十一月廿一、十二月十九。"杨公十三忌"自古受到风水师的重视，在风水师的眼中，这十三个日子绝对不能选来开张、动工、嫁娶、签订合同等，都不吉。其中，正月十三是"真杨公忌日"，二月开始的杨公忌日叫作"假杨公忌日"。奉化人还有这样的说法："生在杨公害自身，死在杨公害子孙。"因此，凡是长辈死在杨公忌日的，后代儿孙都要象征性地去讨饭：戴着破的斗笠，披着蓑衣，拿一个碗，挨家挨户，到不同姓氏的人家家门前去讨饭，然后由户主人将他拿的碗摔破，然后大声呵斥道："自己不干活，讨饭有什么有出息，回家好好干活去。"这样子孙就不会落魄。当然这都是迷信的说法，村里现在很少有人会这么做了。

正月十四夜吃汤圆、贴门符赶蛇神习俗

正月十四夜是一年中的重大日子，这一天家家户户吃"元宵"，跟大年初一一样，吃的是"汤果"或"汤圆"，寓意团团圆圆。按照各户人家门的数目，在红色的小方纸上写好赶蛇神的经符："正月十四夜，百虫在门外，若要进门来，过了重阳节！"

清明上坟习俗

清明上坟不追求正日子，一般清明前后都可以。旧时祭扫太公的墓，一族一房的丁口都要出动，供上五牲，并在墓前分发麻糍，回来共同吃清明羹饭。无论在外地还是本地，子孙都要赶回来上坟。即便远在国外的，也要在这段时间赶回来。

上坟祭祖前先要拜土地菩萨。土地菩萨在坟墓左边的肘手石上，奉化人直接称作"肘手"。祭品一般是一盆肉、一盆豆腐、一盆鱼、两杯酒、两块麻糍，以及若干经卷。清明上坟的祭品一般由一个木格子装至坟前，称"存勒格"，里面放置的食品有：和菜（天菜、豆芽、笋丝混炒而成）、蛏子、毛蚶、小黄鱼、粉丝（干面）、炒蛋块（俗称"鸡蛋糕"）、红烧猪肉、黑木耳、油煎豆腐等。还要在墓前放置酒杯，斟满，一人一杯；同样的，羹饭也是一人一碗。还要烧经卷，烧多少没有定数，有几百的，有几千的，也有上万的。有的为了让祖宗享用舒服点，还烧九龙元宝。这种元宝一般是从专门念经的善男信女那里买来的，也有自己做的。

上坟结束后，必须在家做清明羹饭，叫祖宗来享用。

立夏吃米鸭蛋、称人、煮田螺习俗

立夏节这一天，家家要制米鸭蛋（本地人称作艾鸭蛋），煮茶叶鸡蛋，因农事逐渐繁忙，每家总要做些"点心"，为田间劳作的人补充体力，米鸭蛋是最好的选择，能让人脚轻手健、耳聪目明。米鸭蛋形如鸭蛋，用粳、糯米拌上艾叶制成，既耐饥又清火，经济实惠。过去，米鸭蛋多为农家自制自食，如今已成了商品，在城镇的农贸市场上均有出售。

中饭后，人们还习惯在走廊的二步梁上拴上一条绳子，下面挂一杆大秤，秤钩上吊着箩或筐，给孩子称体重，看今年比去年重了多少。

山里人认为立夏吃笋能补脚骨、吃田螺能补眼睛，而米鸭蛋就像人的脑袋，吃了能补头。因时值立夏前后，久而久之，这些便成了立夏习俗。

端午习俗

五月，是酷暑降临、疫病多发的时候。旧时端午，家家门上挂蕲艾和菖蒲，身上、帐前挂香袋，内贮雄黄和香料，有的把菖蒲根雕成人形或动物样子，挂在小孩身上或摇篮边。中午熏臭花、白术、艾叶，以消毒、杀菌、灭蚊蝇，吃雄黄酒黄豆、灰汁团以健身。

当地风俗，端午这一天或前一天，女婿要挑端午担去岳父家。端午担要有五色食品，即油包馒头、大白鹅、蹄髈、大黄鱼、鸡蛋，用专门的竹编篮盛装。岳父家也要回给女婿衣服、鞋子、水果等五色东西，叫"回头货"。对小夫妻而言，尤其是新婚夫妻或是打算订婚的准夫妻，在端午前，一般是五月初二这一天，必须到丈母娘家登门拜访，并且要送礼以谢丈母娘对妻子的养育之恩。以后每年端午节前都要孝敬岳丈岳母，如果送礼在端午节后，会被认为是心意不诚，老人家要生气的。

端午这天，村里跟其他大部分地区一样，普遍裹粽子、吃粽子。粽子是端午节的传统美食，花色、品种很多。最简单的是纯糯米粽，其食材是单纯的糯米。而在糯米中按照各人不同的喜好，加入不同的配料，可以做成风味不同的粽子：有加入绿豆或赤豆、花生米的；有加入枣子、莲子或栗子的；有加入猪肉、鸡肉或牛肉的；有加入咸蛋黄的……

七月七习俗

七月七，即七夕，根据民间牛郎织女的传说，这天晚上，喜鹊群集在银河上搭桥，让牛郎与织女相会。旧时，因为没有肥皂等洗涤用品，七月初七那天，村里的妇女们会用槿树叶汁洗头发。据说，用槿树叶汁洗过的头发又滑又亮。

七月半习俗

七月半，即中元节，是一个祭祖的节日，用以接济亡灵，安抚"五殇恶鬼"。这里的中元节不限于七月十五这一天，从七月初开始至七月十五，都可祭拜先祖，都叫作"七月半"。相传七月十五鬼门关大开，鬼可以去阳间探亲，祖先的灵魂会从阴间来到人间，享受子女为其准备的饭菜和金钱，所以家家户户在农历七月十五之前都要置办一桌酒席来祭祖，以示孝敬祖宗，不忘先人。"文革"期间，多数人家中断了节日祭祀，现在又恢复了，家家都做。

做七月半羹饭的仪式跟其他节日做羹饭是一样的。菜肴最少九碗。有鱼、肉、蛋、豆腐、豆芽等，外加酒、饭、点心等，设香案祭祀。有时候由村内或族内热心人士向家境殷实的人家筹集资金，请一个和尚和四个道士，在祖堂中摆供设坛，进行拜忏、放焰口。下午主要是拜忏（五个诵念三昧水忏）。忏前必须行施一道发文手续，即在纸上写本地区人虔诚信佛，在七月半拜忏、放焰口以求上苍保佑一方顺顺利利、平安无事等内容。晚上放焰口。放焰口主要是请来佛祖，让本家祖先、大地孤魂闻经听法。放焰口时和尚道士法乐共起，当首人虔诚礼拜，称"平安焰口"，以求一方平安。

八月十六习俗

中秋节，本是八月十五，又名月节、八月半、仲秋节。全国各地的中秋节都在八月十五，剡溪一带的中秋节却在八月十六，这是为什么呢？说法有好几种，其中之一是，相传元朝末年，张士诚为了秘密约定起义时间，在月饼里夹了一张写有"八月十五，家家齐动手"的字条，分送各地。但月饼送到宁波地区时晚了一天，因此宁波地区就定在八月十六过中秋节了。从此每到中秋，人们都要吃月饼，以纪念此事。这是从历史传说角度来看的，如果从自然的角度来分析，是因为南方的月亮在十六这天最圆。村里的中秋习俗主要是吃米馒头、水塔糕、鸭子芋艿。

冬至望坟、修坟、立碑、做坟习俗

冬至这天白天最短，黑夜最长，正好与夏至相对应，故当地有"坐坐夏至日，困困冬至夜"之说。冬至是数九寒天的开始，九九八十一天而寒尽，天气转暖，万物复苏。"清爽冬至，垃圾过年"，意为如果冬至是晴天，春节必定要下雨；反之，如冬至有雨，春节肯定是晴天。

"冬至大如年"，旧时奉化许多地方把冬至看作一个重要的节日。这一天，酿酒、磨汤果，晚上一家人团圆吃冬至饭，族众还要到祠堂里祭拜祖先，吃冬至酒。有的人还到庙里求签，卜来年吉凶。旧时不少人会在冬至晚上用桑叶水洗脚防冻，现在这种习俗又悄然兴起。村里有冬至望坟、修坟、立碑、做坟的习俗。冬至望坟不像清明那样隆重，主要工作是把坟头的杂草割掉，将夏天被雨水淋坏的地方修补一下，把坟整理得干净点，同时带点糕饼水果祭拜，焚香烧经，祈祷一翻。修坟主要是对坟的整体结构进行修造，不动穴位，如对圆岗、拜台进行适当扩大，本来是泥土或石头筑的，改用水泥浇筑。立碑主要是本来没有碑的，重新立起来，或者本来有的，要增加子孙名字的，补刻上去。而做坟则是比较重大的事情，一般选在冬至这天。因为冬至做坟不用叫风水先生选日子。

旧时做坟是件大事，坟址、方位、时辰的好坏会直接影响子孙后代的吉凶祸福，所以做坟时候有一套礼俗。首先是选址：坟后要有座山，选山梁不选山弯，向阳，视野开阔，右边饱满，左边有小山梁（比较低），对正峰稍偏。其次是开山：用羹饭或水果，点蜡烛，点香，烧纸钱，祭山神并掘一下土。第三是行经：当坟穴挖好后，起砖行中经，对正峰稍偏。第四是压经：在中经砖中要压一份十二生肖经，以保平安。第五是点灯：在空坟封闭前，用铜灯，放十三个铜钿，用菜油灯点燃灯芯，然后封闭。第六是关山：待坟全部完工后，内外各用两只祭盆，向外的祭盆要放十二杯酒，向内的放三杯酒，然后点香烛，鸣炮，祭祀。

过年习俗

做年糕 旧时十二月初十，村里家家户户都开始舂年糕。

年糕是农历新年的应时食品。本地人做年糕一般用粳米，适当掺点籼米。年纪大的吃还会掺些糯米，这样做出的年糕比较软，老人嚼得动。做年糕先要根据自家的粮食情况，决定做多少，年成好，年糕做得就多，反之就少。

做年糕有很多道工序，先将浸泡在水中十多天的粳米从缸里舀出来，放在竹箩筐里，用清水一遍遍地冲洗，叫作"沥米"。等到下面渗出来的水是清水了才可以去碾。旧时由于没有磨粉机，所以都是在碾子里碾的，这样非常费时。后来有了磨粉机就方便多了。米粉磨好后先得蒸熟。蒸米粉一直都用柴灶：将蒸笼放在柴灶上，用柴爿烧。冬天里，坐在暖烘烘的灶房里烧着火，饿了就拿块年糕在灶膛里煨一下，一会儿工夫，香喷喷的煨年糕就可以吃了。煨年糕也有学问，太久了会烧焦，又黑又苦，如果火候把握得好，煨出来的年糕白里透黄，外皮酥松，吃起来香甜。

做年糕不仅要有力气，还要有技术。年糕蒸熟了，蒸笼会冒白气，叫作"上汽"。蒸熟的米粉叫作年糕粉，这时就要力气大的人握住蒸桶上的把手，把一桶年糕粉从灶台上火速拎起，倒到捣臼里去舂。倒进捣臼里的年糕粉是松散的，先得用杵头碾一下，还不能用力捣，否则会溅出捣臼外。等到碾得有黏性成为一整块了，就得快速用力舂。什么时候结束全在那个拨对的人，他觉得软和了即可。捣杵一停下，拨对的人立刻将年糕倒到年糕板上，那里早有人等着。一般由拨对的人将年糕迅速摘成十多个大小相似的丸子，叫作年糕团，这团一般比拳头要小点。接着，守候在年糕板边的人立即动手将年糕团搓成长条形，最后用年糕印版在上面用力一按，将年糕印出花纹就做成了。年糕印版的花纹有兰花状、梅花状、元宝状，不一而足。印年糕时得抓紧，否则等年糕团冷却，就做不成条，也印不上花纹了。

吃年夜饭　农历十二月廿九或三十是除夕夜，也叫大年夜。在乡下，遇上没有三十的称为"廿九夜"，后来"廿九夜"就成了过大年的代名词。晚上，敬天地祖先之后，各家要摆"分岁酒"，即"年夜饭"。无论离家多远，在外的人都要想方设法赶回家乡和亲人吃上这餐团圆饭。年夜饭菜肴丰盛，食后须多剩，寓意年年有余。如果家中有亲人没能赶回来吃年夜饭的，家人依旧要给他留一个位置，摆上碗筷，意谓团圆。年夜饭的菜肴一般是祭祀过祖先的，就餐时，有些地方要请长辈先动筷，晚辈才可以食用。年夜饭气氛要和谐，还有诸多规矩，如食具忌掉在地上，要多讲吉利语，不能说晦气话等。年夜饭的饭菜不能一扫而光全部吃完，必须留一些到正月初一食用。

饭后，挂祖先像，换门神，贴春联。在灶龛里贴上新的灶君像（本地称"灶梁菩萨"），摆上供品，还要在谷仓、米瓮、石臼、石磨、牛栏、猪圈等处贴上青龙马，放上年糕或米馒头。长辈给孩子们分压岁钱——很多大人往往把压岁钱放在孩子们的枕头下面，叫他们第二天早上醒来后拆看，给孩子们一个惊喜。主妇在夜深时还要炒蚕豆、炒花生、炒玉米，叫"炒发果"。家家户户炒锅沙沙响，热热闹闹，小孩跑完这家奔那家，那是真正的年味。

2. 民间信仰

请龙求雨

旧时每逢久旱无雨，庄稼枯死，给收成带来严重威胁，就要请龙。由族长带领村民（一般每户一个男丁）到龙潭请龙。先在龙潭边焚香下跪，并向龙王菩萨哀求降雨救灾。同时要请道士或者会念经的人在潭边诵经。一边诵经，一边把符送下龙潭，求神龙金身到村里去，受本村弟子敬奉，并恳求菩萨真身迅速上位（到预先摆好的圣缸内）。接着是讲筒，即在龙潭边摆一张八仙桌，"筒性"（神汉）坐在桌子上方，两旁各有两个人念吹经筒，招菩萨上台讲话，等菩萨进入"筒性"身体时，"筒性"开口讲话，族长在下方恳求龙王菩萨降雨救灾。有时，"讲筒"（菩萨）会当即答应几天内保证下雨，有时，讲筒（菩萨）会说本神手中无雨。待"筒性"清醒，讲筒结束。

等龙潭附近出现蛇、蟹、青蛙时，将其捕入"圣缸"（有时候这些动物会自己跳入缸中），再在上面包上布，鸣锣、放炮，抬入本村庙内供奉。供奉时，在圣缸下横放两张八仙桌，放上供品。供品一般为猪头五牲，即猪头一个、刀头肉一刀、鱼一条、鸡一只、豆腐一方。也有供羊七牲的，即羊一只、鹅一只、鸡一只、猪头一个、刀头肉一刀、鱼一条、豆腐一方。下午起，在庙内开锣做戏，叫"龙王戏"。这样的龙王戏有做三天三夜的，也有做五天五夜的。

接着就是行会。第二天，抬着圣缸，鸣锣放炮，随行之人手里拿着"风调雨顺""五谷丰登"等彩旗，在村庄附近田埂上游走，上告龙王菩萨旱情的严重性。行会时，沿途路上，选择比较宽的地方或者在各族的堂内做贡，做贡的地方一般要放一张八仙桌，桌上的供品有糕饼、水果等。下午、晚上继续做戏，等三五天后再把请来的金身送回龙潭。

拜灶神（灶梁菩萨）

据传，灶神是玉皇大帝特别派到人间、专管百姓家事兴衰与善恶的，每年腊月廿三夜，灶神就要上天庭向玉皇大帝奏报各家各户这一年的情况。为了博得灶神好感，在农历廿三晚上，每户人家都要将家里的庭院打扫得干干净净。吃过晚饭，每家每户都要在灶神像前供奉香烛、清茶和祭品。祭品除水果、花生外，还有必不可少的"祭灶果"，里面有白脚、黑脚（分别是白芝麻、黑芝麻做的甜食）、油条、红蛋、白糖、冻米糖等。另外奉上佛经、纸钱，全家老少都要虔诚地在灶神像前双手合掌，跪拜祈祷，希望灶神保佑全家平安。在蜡烛燃尽前将旧的灶神像及佛经、纸钱一齐烧尽，就算灶神带着"盘缠钱"上天庭汇报了。祭祀完毕后，将一张新的灶神像贴在原来的位置，全家这才坐在一起将祭品和清茶分享，意在以后脚轻手健，全家平安多福。

七月三十插地香

七月三十是地狱关门之日，这天一般都举行各种祭祀仪式。每家每户插地香，为地藏菩萨"开眼"（即照明），到桥头、路边给野鬼烧香、烧经、送食物，叫"结缘"。

包 米

小孩子（也包含个别成人）受到惊吓后常常会发烧、神志不清。当地人称为灵魂吓出。这种情况要通过包米来救治。所谓包米就是包米的人用一块白布把一碗米包起来，把碗翻过来，在小孩头上顺三圈，倒三圈，再翻过来，看碗里有多少米是竖着的，再定送几碗饭、几碗菜、多少黄钱锡箔或经，给捣乱的鬼。用包米医治小孩的病有时很灵验，有时候也不灵，并无科学依据。本村陈和菊就是能包米的。

3. 生活起居

上梁习俗

俗话说，买田、造屋、娶妻是人生三件大事。造房子就占其一。当地有个俗语：老婆老爸给娶，房子爷爷给造。说明造房子是非常辛苦的事情。所以，大家对造房子非常重视，希望造房子时平平安安，房子造好后永远坚固。在科学不发达的时代，人们只能祈求神灵的庇护，所以在造房子的过程中有许多习俗，这些习俗延续至今，有的可能会世世代代流传。

造房子前先平整地基，俗称动土。动土前必须先选择日子，以免碰到凶日或者与主人相冲的日子。选择好日子后，要拜土地菩萨，拜土地菩萨的祭品为三茶四果，即三杯茶四种果子，还要设香烛供奉，并焚烧土地经。

房子上梁这天最为重要，因而也特别讲究：上梁前先要择日，由择日先生选择黄道吉日，然后邀请亲朋好友来庆贺新房落成。亲朋好友来时要带礼物，钱和馒头都可以，馒头一般36个，上面不能盖红印，要盖绿印，因红色代表火，房子最忌火，盖绿印有避火灾的意思。上梁一般选早上太阳将出未出之时，帮工先把柱子竖起来，横条串拢，在串的时候要用小木榔头和大木榔头敲紧，敲榔头的时候，木匠师傅要讲好话："三榔头七寸柄，连敲三声应天响，坐北朝南好方向，大宅门中好地场，后面坐落龙虎地，前面朝向凤凰山，凤凰团团串牡丹，左青龙右白虎，左边青龙打乾坤，右边白虎盘吉庆……"房柱子竖起来放栋梁的时候，要抛上梁馒头，从上往下抛，叫小孩大人都来抢。抛馒头的师傅要边讲好话边抛，好话有："五代见面，闷声大发财""五子登科，六畜兴旺""年年有余，岁岁平安"等。并放鞭炮。梁上要结五色布，还要挂上花生、红枣等代表早生贵子、人丁兴旺的吉祥物。大面板上用绿纸贴上"紫气东来""吉星高照""黄道吉日"等字，屋柱用绿纸写上"春风杨柳鸣金屋，瑞雪梅花照玉堂"等对联。接着拜天地和鲁班师傅，拜天地一桌，要用猪头三牲、馒头、老酒，烧高王经；拜鲁班师傅一桌，要用刀头肉及三牲，拜时用的蜡烛要用绿色，不能用红色。等梁上好、瓦片盖好，晚上主人要办竖屋酒，请亲朋好友、师傅帮工、左邻右舍来吃酒，以感谢大家的帮助，庆贺新房子落成。

4. 婚嫁礼俗

本村的婚嫁礼俗有提亲、说媒、择日、定亲、成亲、回门等几个环节。

提亲 也称说亲，是婚姻大事的启动阶段。青年男女到了结婚年龄，由男方父母托人请媒人到女方家提亲。

说媒 经男女双方协商，考虑再三，达成协议，同意双方结亲。议婚讲究"门当户对"，男女双方的社会地位和经济条件要相当，不能相差太远。尤其是女方，很重视男方的经济状况，农家还看重男方人是否勤劳厚道实在。媒人一旦说成一桩媒，就可以得到一些钱财，称之为"谢媒礼"，这笔钱一般由男方支付（如果是男子入赘到女方，则由女方支付）。谢媒钱的多少，视主家经济状况自行决定，但无论多少，均需用红纸封好，外用一块衣料布包好，称为"红包"或"包封"。此外，媒人还可以吃 36 个"麻团"，即由蒸熟的糯米做成的米团，样子类似北方的馍馍。

择日 事后，男方请先生择一个黄道吉日，托媒人把男方的生辰八字（又叫"庚贴"）送到女方家，再询问女方的生辰八字，请人推算占卜，称为"合八字"。如双方八字相合，就可以定亲；如八字相克，则不可议婚。旧时，"生辰八字"是十分重要的，它是决定男女婚姻是否成功的主要因素。也就是说，算命先生是决定婚姻成败的主角。最后由媒人将龙凤帖传递给双方准备订婚。现代人多半不相信这一套了，所以即使交换红帖，往往也不过是一种形式，有的甚至连换帖的形式都免了。但是当地民间至今还相信八字相冲之说，一般认为男女双方相差六岁是"明冲"，不合，不能婚配；相差三岁为"暗冲"，不是很相配。还相信五行相生相克，如两者命相相克即不适合结婚。

定亲 男方择日后，媒人要选个好日子，带男方去"过礼"订婚，俗称"下定""过书"。"过礼"是大事，一般嫁娶的主动者（无论男女）要向另一方送一笔重礼，由兄弟或朋友挑米箩担，一般有 120—180 个油包馒头、麻糍、大黄鱼、鸡、鹅、香烟等,还有花生、蛋、笋、蚶、蛏、银杏、栗子七色壳货,肉、糖、麸、桂四只冷盆,取"玉堂富贵"之意,酒若干担,有的还有全羊。

庚帖又叫"红绿纸书",共两层,外红内绿,其中一面空白,由女方填后送回男方,故旧时夫妻吵嘴,妻子常说我是有"红绿纸书"的。

过书后,男女双方改变对对方父母的称呼。婚期由男方根据家庭经济能力选择,有半年、一年,甚至更长。此后逢年过节,重大活动,男方均要送礼。

成亲 成亲办喜事,本地人俗称"做大事体",是人生大事之一。从古到今,村民观念上根深蒂固地以为办过喜酒、举行过婚礼才算真正结婚,否则就是不合礼仪的,甚至"不合法"的。因此,在举行婚礼之前,本地人一般称男方为男朋友,女方为女朋友。虽说"过书"后已经改变对双方父母的称呼,但是当地风俗往往觉得成亲后方才可以算是老婆或老公,当地人俗称"老人"。

请客 婚期决定后,就要请吃酒。一般先请娘舅家,再请其他亲戚朋友,迎亲的日子叫"好日"或"办酒"。本地俗语有"请吃酒,哑(主动)送丧",就是说吃喜酒一定要盛情邀请。

请柬一般由嫁娶者或其父母亲自送达亲友手中。亲友们接到邀请赴宴的请柬后,除特殊情况可以只送礼不参加外,一般都应登门道贺。道贺前,先要准备好礼物。礼物多少视各人与主人关系的亲疏、交谊的深浅、本人的经济条件而定。

送给女方的礼物大多是实物,但也有用红包替代的,称之为"助嫁"。实物多是箱、柜、床、被、餐具、衣料之类。送女方的礼物往往是亲友们闻讯后主动送去,并不等请柬来了再送。因为女方父母要以送礼人的多少为依据决定"出嫁酒"的规模。

筹宴 结婚是人生第一大喜事,正式办喜事(迎娶)多择在腊月农闲季节。择具体日子时,除要考虑黄道吉日,还要考虑女家住的方位。

迎娶的前三天,一般就要在庭院内搭起簟棚。村民家一般都有院子,即便院子不大,至少也可以放上四桌酒席,因为怕有雨雪,所以必须搭棚。搭棚一般用晒谷用的竹簟,既可以挡日头也可以遮风雪。整个住宅都要张灯结彩,贴红对联、门窗上贴红剪纸和红双喜,整个庭院顿时洋溢着喜庆的气氛。同时请帮忙的屠户来宰猪宰羊,厨子也进棚,开始忙碌。

首先要拟成一个"执事单",邀请一至两名德高望重、有能力有水平的长者担任"总管"之职,此人是主家授权操办婚礼全过程的绝对权威者。总管的具体工作有:准备"轿前担",预先加工好"糯米块"(麻团);根据就席人数准备所需的桌、凳、餐具、灯光;布置宴厅;与厨师商量需要的酒、肉、鱼、菜之类并写好菜单;决定要多少人做帮工,等等。还要注意核实发送"轿前担""相喜"等一些礼仪。

接着要物色被称为"四柱头"的"账房""库房""厨房""饭房"。这四人是操办婚礼的关键人物。其中"账房"执掌经济大权,具体工作是书写各种帖子、对联及一切要书写的东西;统计参加婚典的人数;记录贺礼、人情、礼物及一切所要记录的账目,记录的本子俗称"贺仪簿"(古俗娘舅应在礼本上占第一位)。"库房"根据婚礼的需求,会同总管、厨师、礼生、主家商讨场面的大小,档次高低;账房编制交给"采办"的采购账单,由"库房"检查;还要准备好发往女方家的礼物及众宾客的礼包。"采办"的具体工作是根据厨师的需要,采买酒肉鱼菜类、柴火、礼品类及其他所需物品。"厨房""饭房"的具体工作是经常与总管联系,及时提出所需要的物品,确保酒席圆满办好。其他人员还有烧火、茶酒、托盘、打杂、洗碗、接待等,都是在总管的统一指挥下工作,各尽其责,各司其职。

在迎娶前两天下午,就邀请全部"帮衬"和总管,分工排场,晚上设酒宴招待,以示感谢。该餐俗称"聚拢酒"。

饭罢,众壮汉舂糯米粢饭,做"麻团块"。舂麻团不像舂年糕那样舒缓,必须快速完成。舂毕,拨对的人立刻将糯米团从捣臼里捞出,迅速拿到预先准备好的年糕桌上(专门做年糕用的米板,相当于饮食店剁肉馄饨、包子、大饼的那张大板块),疾速地摘成十多个小团,那些小伙子和妇女立刻将这些团子拍成一个个糯米块,俗称"搭麻团"。

婚前一天布置喜堂,一般喜事都在一族的"堂前"举办,有的在敞堂间(一幢房子中间的那间公用大厅)举行。这是拜堂的正厅,俗称"喜堂"。喜堂正中高悬一个大红双喜字,两旁挂上婚联。堂前的八仙桌上摆大红喜烛及红枣、花生、桂圆,取其"早生贵子"的口彩。红绸、纱彩、灯笼高挂厅间,烛光闪闪,映得满堂喜气,两旁墙面上挂着喜对。另外喜堂正中必设一张天地桌,在桌上置上祖宗牌位,敬上两杯清茶。礼棚中摆放桌、椅、凳子。

大典之前,女方家也与男方家一样办喜酒,本地俗称"待男酒",但没有男方家那样繁杂，气氛也没有男方家那样浓烈，一般新娘上轿后，就冷清了。

轿前担子　迎娶前，挑选能说会道、相貌英俊、见多识广的朋友和兄弟辈的人做"挑担"，在媒人带领下，赴新娘家迎亲。出发前"挑担"需备齐迎亲的礼品，俗称"轿前担""肚痛担"（娘生女儿时曾肚痛，谢娘肚痛之恩）。"轿前担"一般有：猪肉一格（半只）、羊一头、猪肚一只、大黄鱼一对（条件好的根据女方的酒席桌数送），栗子、蚶子、蛏子、鸡蛋（不少于36只）、冬笋或其他笋若干，称为壳货，大白鹅一只、鸭两只、牛肉八斤（切忌送鸡），四时鲜果、时令糕饼、什锦小糖、高档香烟、两坛黄酒、三百六十只麻团。除黄酒为独一担外，其余均装入"杠箱"和米箩中，一并挑着、抬着，在婚礼前一天送往新娘家。

安床　婚典的前一天，选择好铺床位置，祈求神道（床公、床婆）保佑平安，由一位子孙满堂的"全福"妇女，取24双筷子系扎红线，安放在床席下；将三只新麻袋（表示代代相传）铺在床上，称"安床"。同时，由一个父母双全、聪明伶俐的小男孩伴新郎同睡，称"伴郎"。晚上要给这个小男孩吃包子、花生、鸡蛋，寓"包生儿子"意，待"好日"那天早晨离开时，要给红包，俗称"挈出尿瓶"。有的地方也有由女方家派人来男方家安床的。床上一切用品都用新的，门楣还要挂一块长条红布，上面绣有吉祥的词句。

享喜　吉期正日早上根据出生时辰新郎起来沐浴毕，行"享喜礼"。总管负责在厅堂游巡摆好八仙桌，桌面条缝要横放，下面用凳子叠上，俗称"高桌"，桌上放供品：全猪（猪头、猪尾、条肉，上面放一把刀），全羊（同猪一样处理）、河鲤鱼、方块豆腐、全鸡（高冠雄鸡，嘴含三根葱）、三盘面（覆红纸条或红线）、一盆食盐。桌的左右放十二只酒杯（闰年十三只），正前方放两盏干茶。父母点上香烛，敬好酒，朝天参拜，祷祝天地，再请神、菩萨，鸣炮。新郎跪在供桌下默祷三叩，伴郎也随同跪拜，求菩萨保佑永生幸福和谐，白头偕老。事后，客人吃"相喜汤果"，汤果由众亲或邻居抢食，也叫"抢喜"。这也是客人的早点。然后新郎拜轿顶，祈祷花轿把新娘抬回来。

嫁妆　旧时，比较富裕的人家对嫁妆很讲究。但村里绝大部分都是农家，比较贫困，因此嫁女的妆奁一般只有木器和衣物。民国后，百姓生活仍比较贫困，一般人家嫁女的嫁妆都不怎么讲究，但是木箱一定会有。木箱内一般是四季衣服以及日常生活用品，给金银珠宝的很少，能有各种锡器、铜器就很不错了。妆奁的丰俭，一般表现在桌面的摆设和日常使用的小件器物的多寡上，比如锡瓶、锡盂等。木箱最少的有三只，一般的有八只，多的有十多只。比较富裕的人家还送梳妆台和高级的衣橱之类。被子至少三条，多的有十八条。这些嫁妆是本族长辈和平辈还有亲戚送的，如姥姥、舅妈、姑妈、姨妈等，她们根据生活上的需要送些实用性的礼品，如衣服、鞋袜、首饰、化妆品之类。

各个历史时期的嫁妆，因经济条件不同而不同，大多体现在"大件"上。民国时期，嫁妆有四口橱面、双口橱面、单口橱面。1949年后虽然有许多改革，但当地基本仍按照民国时期的送，到了"文革"期间，百姓生活越发贫困，嫁妆也越来越寒酸。之后，随着经济水平的提高，嫁妆又逐步高档。"文革"后期三大件为缝纫机、自行车、收音机，"文革"后为冰箱、洗衣机、电视机，20世纪90年代为空调、高级彩电（如等离子电视机）、手机电脑，进入21世纪后，多为汽车、高级戒指等，也有给房子陪嫁的。

迎娶 男方迎亲队也叫"发嫁子"，抬着"龙凤花轿"在一片鞭炮声和喜庆的鼓乐声中，出发迎亲。迎亲队人数视嫁妆多少而定，多则七十四人、六十四人或二三十人，最少为"四花头"，四人即可。迎亲队一路上吹吹打打，浩浩荡荡地到达女方家。女方客人们要在村口设"关卡"拦截，俗称"拦轿门"，迎亲者必须出钱买路（一般是香烟和糖），曾有俗语："轿到门前一头牛钿。"（旧时新郎不上门迎亲）通常由媒人解决拦轿钱，将早已准备的礼品和"轿前杠"，敬赠给女方总管或亲友代表，方可将轿子顺利抬到室外地坪上，安放妥当，然后在总管的迎接下进入喜堂同饮"嫁奁酒"。

哭轿 上轿前，司礼先生要先用镜子在轿内的角落照一遍，并磕拜好轿神菩萨，祈祷迎亲人一路平安，祈祷新人多子多福、白头偕老。新娘上轿前，经男方喜娘再三催妆，由村里公认的有福之妇人给新娘喂"上轿饭"，哭别母亲。这时新娘要放声哭诉，一直要哭到离娘家好远才停，以示感谢父母养育之恩及离别父母之痛，称"哭上轿"。出闺门前，母亲嘱咐女儿出嫁后要三从四德。之后新娘来到厅堂，面向厅外拜天敬地，接着向土地、灶爷、床神、厕所娘子行大礼，再向祖上、长辈及父母拜别，同各亲友礼别。

上轿 向祖宗神主跪拜毕，就由"喜娘"给新娘揩干泪补上妆（把擦过眼泪的毛巾丢进河里或小溪中），披上霞帔，蒙上红盖头，戴上凤冠，戴上墨镜，由长兄将新娘从闺房抱至花轿里，叫"抱上轿"。俗语有"大哥哥抱上轿，小哥哥直送到"。同时女家倒掉洗浴水。待其大哥抱到轿前，小哥或弟弟就脱下新娘脚上绿鞋，换上红绣鞋，坐定轿内。新娘上轿后，不能移动，据说动一动，以后就要嫁一家。没有亲大哥小哥的就由堂兄表弟代替。在轿中放火锍。带火种，一般不带自家的，要到村里外姓人家去取。起轿时要顺三转，倒三转，寓意不会把娘家的风水全部带走。小哥点燃火锍中煨着的香灰，随即跑回家里，俗称"接火种"，意为两家都红红火火。司礼先生就将早已准备的一根桃枝，像箭矢一般从轿顶射过，此举称为"抵煞"（镇住妖邪），轿夫们就可以抬起龙凤花轿出门了。花轿抬起后必须进三步退一步，重复三次，再向前行进。轿至村口，兄弟"添妆"，就是给新娘吃长面，并把一双蛋倒在新娘的钱袋中。一路上花轿过处，有亲戚在的也要"添妆"。

接轿 花轿路过桥、寺、庙，需敬供品并三称三拜。一路抬到，亲戚或邻居早已到村口来迎亲，也有走出几里之遥来"接轿"的。花轿到村口，小伙子、姑娘或小孩用竹竿或可拦之物横于必经之路，不让轿子进来，叫"拦新娘"，主要是向新娘索要糖果或香烟。为了不错过拜堂时间，往往由总管出面谈条件。

随后，由一个福寿双全的老婆婆轻轻地把轿门打开，俗呼"开轿门"。又请一个小孩双手捧着长柄镜向新娘一揖，叫"请下轿"。这时新娘也将带来的长柄镜拿出来照，谓"男镜对女镜"，取"夫妻团圆，白头偕老"之意。下轿时由"伴娘"陪着，"出轿娘子"走到轿前牵着蒙着红盖头的新娘，踏上铺着麻袋的地面。一般铺五只麻袋，男方会有两个女人将麻袋一只一只地从新娘头顶传过去，意谓"代代相传""五代见面"。新娘还要过米筛、跳火盆，到新郎家门口后先上楼，在楼梯上吃换妆汤果，到新房后新娘象征性地洗把脸，旁人可抢新娘手中的毛巾。接着由"喜娘"端着内盛十小碗圆子的"十盏头"大红盘进新房来，意为十全十美，一群孩童在门口抢走其中九碗，只剩一碗在新娘嘴边凑一下，意为"早生贵子"。

拜堂 三声炮响，拜堂开始。堂中高挂着大红双喜，红木八仙桌上高燃着龙凤花烛，桌上放着喜糖、喜糕、花生、瓜子、苹果、香梨。礼生高呼"新郎新娘入厅成礼！"顿时，鞭炮鸣响、喜乐共奏，良辰吉时到，开始拜堂。中堂设牲礼、金果、茶食，点燃红烛，由主香陪新郎、新娘拜天地、祖宗。赞礼者二人，一呼唱，一读祝文："一拜天地，天官赐福万物兴旺，三鞠躬；二拜高堂，五世同堂，子孙万福，三鞠躬；夫妻对拜，百年好合，幸福和谐，三鞠躬。"礼毕，送入洞房。待新娘坐入帐围床沿之后，喜娘将系有红丝穗的木秤递给新郎，新郎称心如意地挑起新娘的盖头。

后来，新式婚礼上，在进洞房前还会安排证婚人、父母或来宾讲话，新郎新娘斟香槟酒，拥抱接吻，新郎抱着新娘绕场一周等环节，以增添喜庆气氛。在宾馆饭店办酒席，就没有进洞房环节，礼毕就直接入席，开始喝酒。

吃茶　稍休息，"吃茶"开始，由新娘向族内及亲友中的长辈敬茶，俗称"见大小"，也就是新娘与夫家长辈亲友见面认识，见过"大小"后，新娘就是自家人了。

吃茶时，堂上摆大座椅两把，按亲疏、辈分依次就座，如先高堂，接着娘舅、姑丈、姨丈、伯伯……依次而坐。无论本家和外戚，一般至亲在前，然后是堂房等旁系。当然也有特殊情况而颠倒先后的，比如有的堂房的叔伯兄弟、姑舅哥嫂，对新郎家有特殊恩惠的，也可排在前面，不一概而论，只要大家能接受即可。

受茶者面前放糖果（如高堂去世的点香烛，敬三茶四果），受茶者男一排女一排，两边对应着坐，如舅舅与舅妈、叔叔与婶婶对应着坐，若一个已故或因故未到，则由小辈代受。新郎托茶盘喊称谓，如"舅舅吃茶"，由新娘把茶送上。茶中放糖、枣、花生、桂圆、莲子，意为"甜甜蜜蜜""早生贵子"。受茶者象征性喝几口，说几句如"早生贵子"的吉利话，即收茶，赠红包给新娘，俗称"见面钱"，奉化人一般称作"茶钱"，俗称"茶钿"。"茶钱"多少，没有一定，根据当时当地的经济条件而定。一般城里同乡下不一样。旧时用银钱，"文革"期间比较贫困，一般三五元即可，几十元已经是天文数字。"茶钱"的多少还根据喝茶人的亲疏辈分而不同。一般至亲多点，堂房的可以少点。但是也有例外，因为有些是长辈给晚辈的，跟贺礼不同，可以不还礼，有的长辈出于相助的目的，会给比别的亲戚多几倍甚至几十倍的钱。

喜宴　吃茶结束后，连放三炮，鼓乐齐奏，喜宴正式开始。长幼依次入席，娘舅最大，坐"上横头"，即厅堂东首，又称"东出头"。西首是舅母之桌，幼辈则在廊下就位。旧时婚宴席上一般配十六冷盆、四大菜、八热炒。

席间可以划拳猜令、对歌词、交杯敬酒、私语窃笑。酒至半酣，新郎、新娘进入宴厅，向众人敬酒。新娘依次斟酒，换装作揖，每出一道菜，就换一套妆，前三套是花袄，之后质料越换越好，一般要换十套。

旧时生活困难，百姓平时极少吃鱼肉，因此喝喜酒对每个人来说都是一次享受。

席间还可以戏弄伴娘（喜娘），主要是一些亲朋好友中的年轻人，叫伴娘喝酒、唱歌、跳舞等。

洞房 婚宴结束后，交谊特厚的好友、同辈、兄弟等，借酒兴大闹洞房，俗称"闹房"，这时越闹越好，越闹越发。"闹房"有雅俗之分，然目的皆在于戏弄新娘、喜娘，活跃气氛。闹至午夜始散，新郎送客，新娘关门，吃"床头果"（花生、松子、红枣、栗子、桂圆、柿子、喜糖、状元糕等吉祥果品）和藏"床头果"，待天亮小孩子来抢"床头果"。新人入寝后，好事者还要"吵房"。有在白天做好手脚，夜里撬门跳窗进新房挪走衣裳的，"吵房"成功，新人要出糖果、香烟钱。"婚后三日无大小"，长辈也可参与戏谑逗趣。

次日清晨，小孩、女眷们都等候在新房外，房门一开，就一哄而上抢"床头果"。新婚夫妇在"同床"前遵照古训，已将"床头果"放在桌上、箱中、柜里、床帐边。如此一抢，意味从此日子过得红红火火，兴旺发达，和谐如意。

贺郎 贺郎时，新房中摆一张蹊跷（桌脚不稳）的桌子，以作弄新娘。桌上放满从娘家带来的糖果糕点。贺郎有专职的贺郎先生，由本村或邻村能说会道者当之。贺郎酒词以七字句为多，偶有八字十字的，多押韵。如"第一杯酒敬天地，一对鸳鸯配夫妻。百年到老仙人羹，桂子兰孙多福气""第三杯酒敬新娘，新郎新娘饮金浆。蓝桥便是神仙窟，麒麟送子做宰相"等。有时祝词有几十句甚至百句之多。总的目的是戏弄新人，制造热闹的氛围，祝福新家庭吉祥如意。参与的看客很多。此时无长幼尊卑之分，尽情嬉闹，不必拘泥礼仪。

回门 新娘从婆家回娘家省亲称为"回门"。新婚夫妇成双成对，一块回门，又称为"双回门"。这一习俗从女婿方面来说，有感谢岳父、岳母恩德，拜会、结识女方亲友等意义；从女儿方面来说，则表示了出嫁成家后不忘父母养育之恩的心意。不过，初离家门、乍别父母的新娘回门这一习俗，对新郎来说，却不是一件轻松的事。且不说在女方亲友面前，新女婿要备受"品头论足"，而且新娘家老人心里非常重视三天回门，因此新郎必须高度重视，在购置礼品上要花心思，争取给岳父岳母留下好印象。其实,结婚那天新郎家里就已备好回门担，与轿前担大为不同，回门担不用米箩而是用体积窄小的幢箱备上一桌酒菜，作为女方家设宴之用。担中按"八大八小""五壳四喜"最高规格配置菜肴：全鸡全鸭、黄鱼蹄髈、羊肉三鲜、酱燎猪头等为八大盘；八小盘炒菜，备香干豆腐即可；花生、板栗、蛏子、蚶子等，大凡带壳的都可算入"五壳"；"四喜"就是水果糕饼了，金柑、橘子、印花馒头、饼干皆在此列。有时还可把甘蔗刨皮之后，去硬节，剁成几段，剖为两瓣，整齐地排在盘中，放入幢箱。

回门一般选在上午九、十点钟动身。回到娘家，新郎、新娘首先要问候老人。这时，新郎就应改口，跟新娘一样称岳父母为爸爸、妈妈，要叫得自然、亲切。对待亲友和邻居也应表现得亲切热忱，彬彬有礼，见人先打招呼，以礼相待。回门宴上，女婿坐上席，新娘在左，岳父母在右相陪（也有族人相陪的）。新人一般在落日之前返回，如有不得已之原因留宿，夫妻需分房睡，以免与娘家人冲撞，或占了风水。

望搅娘桶 新婚第四天上午，女方弟兄，俗称"老婆舅"挑箩提担到姐妹家来探亲，俗称"望搅娘桶"。礼物有系着红线的新草鸡（母鸡），寓意传宗接代，俗称"继宗鸡或太婆鸡"；有粉团做成的五颜六色、形态各异的梅、兰、竹、菊等花草；有糯米粉团做成的围着母鸡的一群小鸡；有十二生肖，需做得别出心裁，意为希望新娘日后心灵手巧。最醒目的，当属全套"女红"："帐考篮"、剪刀尺、粉线袋、针线包等，意指新妇日后能勤俭持家，家业兴旺。新婚夫妇及家中父母兄弟姑嫂热情接待舅兄亲家，摆下宴席盛情款待，非常热闹。

谢劳 当晚，生头阿舅留宿在新娘的新家，本家各房都要办饭、办酒席招待生头阿舅。本家越多，招待的餐数越多。有时，女方的兄弟要住上好几天。

5. 殡葬礼俗

送　终

病人弥留之际，至亲之人都应该环侍床前目送，小辈（如子女、孙子、孙女）要跪在榻前，也有长子扶父坐起，俗称"晓得死，爬起坐"，意思就是坐着死去。据说死者坐化，灵魂可以升天。送终以子女到齐为"福气好"。这时，要给死者吃"咽饭"，喂三口粥汤，这样做是为了让死者在阴间免受饥饿之苦。断气后，子女或至亲要火速到本地的本庙菩萨处报到，叫作"报庙"（民间认为，人刚死后，鬼魂暂在土地庙中栖身）。报庙者头戴白帽，手持香烛，口中说：×××已死，今向你报到。同时，至亲用硬币（旧时用铜板）去河（溪）边向龙王买水，买水时候要点上香烛，并向水中抛几个硬币，水拿来后给死人沐浴更衣。

待咽下最后一口"海底痰"断气，家属方可号哭举哀。首先请理发师将死者的头发理好，接着给死者洗澡，一般是儿子浴父尸，女儿浴母尸，用新毛巾从头到脚擦拭死者身体。洗完后，为死者梳发整容，修剪指甲，穿上寿衣、裤子、鞋子。穿寿衣讲究"衣衾棺椁"，上穿七件下穿八条，女性还要兜尿布。然后将死者的床上用品放于屋外露天处，所垫的稻草或垫背（如没有稻草亦可到其他地方去取一些）由直系亲属送往村外桥头或溪边焚烧。

断气后，立刻派专人到各地亲属处通信报丧。报丧时倒拎一把雨伞（相传能携带亡灵一同前往），低头赶路，途中不与人讲话，到要报信的人家，将伞柄朝下放置门外，以示凶信，告知简要情况及入殓日子即走。待通信人到各地报丧完毕后，将伞放在死者所在的灵堂里。

戴孝　由死者眷属裁制孝服，谓之"破孝"。给来吊唁的亲眷分白布裁制的孝服，谓之"散白"。孝服有区别，儿子头戴用麻编织的长帽，称作"长长帽"，戴三梁冠，穿白衣、白鞋，披麻衣，腰系草绳；媳妇穿麻衣、白帽、白鞋；女儿戴孝兜（用白布所做的连帽披风）；儿媳穿麻衣，着麻裙，披麻孝兜；女婿穿白笼统，戴"锅铲儿帽"；侄子侄女披白孝兜。其余亲眷、本家均戴"白帽头"（尤忌穿红戴绿）。至亲均穿白鞋。女子鞋帮上贴块红布。白鞋要穿破才能脱下，以示孝顺。第一次参加丧事的小孩戴块红布，以"开白"。每个人项上系着麻绳，腰上系着草绳，手执孝杖棒；近年来亲友们一般不戴白帽，改作佩黑布或戴白花，以示哀悼。

四将军移出　要派人去请"四将军"，即抬棺材的四个壮年男子。各村一般有专门抬棺材的人。遗体准备妥当后，由这四个人在门板上铺上草席，将遗体移到灵堂，叫作"移出"。灵堂一般设在祠堂，或者一幢房子的"敞堂间"（即一幢房子中间公共使用的大堂）。如果死在夜里，则由抬棺材的人直接移尸到堂前；若白天死亡，要等到晚上移尸。移尸前，死人的床前要摆七羹七饭，七杯酒，点上香烛，门槛用锯子锯下，鬼魂就可以走出门外。关门时候要敲锣放鞭炮，子孙要哭。"移出"选在日落前，先要烧经，称"路行经"，再把死者生前睡的床铺的稻草（旧时人们睡的床下铺稻草以取暖）烧掉，然后移尸到门板上。床要移位，洗净，当夜床要有人睡，表示以后可以睡人了。若当夜不睡，拆除床板一个月后这张床方可睡人。移尸过天井时，要撑伞遮住，谓"尸不见日"。移出时家属跪送，不能哭，防泪水滴尸。移到灵堂后，遗体放在停尸板上，停尸板民间叫"板头上"。在遗体的嘴里放上"口下粘"（用红纸包好的七粒米七粒茶），以免与人起口角之争。在遗体的身上盖上白纸，是"要面子"的意思，其实也是为了讲究卫生，以防细菌扩散。

"移出"后要叫人帮忙做事，称为行动，有总管、账房、库房、饭房、打杂等人，列出执事单，开始办丧事。

执事单

总管：管理一切事务，各执事所需之物均向其领取

账房：收付现金，布置灵堂

库房：冷盘、香烟等物品的收纳、发放

茶酒、饭房：管饭，炖酒，烧茶

行堂：洗菜、搬菜、扫地、摆桌子等一切杂务

烧火：烧火，洗碗

冲白：做白衣、白帽、白鞋、盖被

念经：十位有福老太

念师：一人，从外面请来

四将军：抬棺材，做孝杖棒、草绳、火烛尾巴

值堂：收取盖被、花圈、花篮等实物和礼金

请客：请吃斋饭，包括送来盖被、礼金之人，自家人、村里人、亲戚不必请

打杂：挑水，安装电灯等电器

招待：迎宾，倒茶，倒面汤水

吊 祭

灵堂 灵堂要设孝幔，设祭桌，摆设牌位，焚香。在灵堂两边墙壁上贴几副挽联，挽男挽女不一样。挽男的有"绿水青山谁做主，落花啼鸟痛伤情"等，挽女的有"一代芳名完孝节，九重赐祭永春秋"等。停尸的板床叫"板头上"，一律横放（东西方向）挂上白帐，东边是头，西边是脚，脚后点一盏灯，叫作"脚后灯"，一直点到出殡为止。灵堂中间摆放一张方桌，桌子上方放死者的遗像，中间是酒、菜、饭，前排两边点素烛，中间插三根清香，儿孙依次拜好后，亲友也要到堂跪拜。整日香火不断，素烛不灭，油灯不灭。还要做"灵前羹饭"，

目的是防死者变成僵尸，起来吓人。

脚后灯 遗体脚后点油灯一盏，给死者照明，俗称"脚后灯"。

守灵 天黑下来后要守灵，本地人俗称"陪夜"，也叫"陪尸"。孝子等眷属卧在尸侧草垫上，至出丧为止，共两夜。人死后一般要在堂前停尸三至五天，倘若死在晚上，十一点前算作一天。

拜掺 死后第二天，请来念师以拜掺。从早晨至黄昏，念师手执经本不停地念经，有三人（一有福之老太，另两个十岁左右小女孩）不停地跪拜，至亲之人也要一起跪拜，极其辛苦。

三部拜掺完，便献十功样。有珠、纱、茶、灯、水果、帛、花、食、香等共十样物品。十样物品分别放在托盘上，一样一样轮流由众人传递。传递的顺序有一定讲究，辈分大的在前，小的在后。

献完后要转方，即直系亲属绕着祭桌转，手持香，约转十圈，同时念师念经。

另有十个念经婆婆在这一天念经，念得的经和生前所得的经，加上念师念的经，一起焚烧，由至亲看管，用两面筛子盖好，锁好，以免"钱财"外流。冷却后，用布包好，放在死者袖笼里，以备阴间使用。

傍晚时吃斋饭，吃前要给死者上饭，女儿儿媳还要再哭一顿。

斋饭 村民吃斋饭，也叫"吃燥饭"，专门指死了人以后的宴席。斋饭没有规定的菜谱，随主人家的经济条件而定。一般出殡后的晚饭为正餐。民间吃斋饭有许多规矩。吃饭时候，不能将吃光的空盆空碗叠起来，以避免重复；一般送丧的人都可以吃饭，自己来吃，吃好就走，主人不客套，不送，不留，不打招呼。奉化有"请吃酒，哑送丧"的俗语。一般客套都要忌，比如："你住一夜去。""下次再来！"这些都是忌讳的话，有还要死人的意思。

放焰口 饭后天一黑便去"请鬼"，一群人拿着火油竹筒，一人一炷香，敲锣打鼓去请，边放炮仗边绕村一周。回来后开始"放焰口"，即"请鬼"吃饭，共24桌。家境富裕的还要放天灯竹，种蟠桃树，每桌放满饼、枣、酒等。于是"请鬼"的这群人绕着桌子游走，每桌要插一炷香，由至亲倒酒，蜡烛绝对不能灭。

哭灵 撤走24桌后，做16碗的羹饭，敬一圈酒，开始哭灵。奉化农村哭灵一般都是女儿或者媳妇哭，一天哭三次，有的哭得特别悲痛。经过灵堂，经常可以听到里面有人在哭。近来为了渲染氛围，请专门代哭的女子在入殓前哭灵。哭灵的人事先与主人沟通，了解死者生平，故可以边哭边回忆死者一生，声泪俱下，哀婉动人。还有一个拉二胡的，拉的是越剧里极其悲伤的曲调。整个灵堂，青烟缭绕，鼓乐声声，两旁的子孙们本来没哭的，在这样的场景下也不免心酸流泪，与之同哭，让人更为悲恸。

入殓 先是"哄鬼下材"，由执事者两人一呼一应，一人一手拿升（米升），一手拿斗（米斗），向棺材内伴装倒物，边倒边吆喝："黄金一升。"另一人答："有！"继喊："乌金一升""白银一升"，而后"黄金一斗""白银一斗"，均以"有"应之，一一报来，一唱一和，甚是庄严。俗称"金木水火土，三斗三升足"，谓可让死者安心入土。相传宁波俚语"骗侬落棺材"典出于此。接着"报衣单"，报的是死者当时穿的衣物，生前喜欢的带去烧掉的物品，也有一些必备之物，报时形式同"哄鬼下材"。

入殓时"四将军"先将席子的四角剪去，将角分给死者子女，一人一份，待回家后放在米瓮，以保佑子孙平安多福。继而将遗体带着席抬入棺材。接着在遗体上"接花锭"，花锭即用棉花做的筷状的尺把长的物件，从头接至脚，目的是保佑子孙十全十美。然后盖盖被，顺序依次为：贴身被、儿媳（女儿）被、娘家被，接着依亲疏关系而定。长寿之人的盖被会被专门拿出，来做子孙被，据说盖后长命百岁。

盖好被后盖棺材，覆上板凳，以防鬼出逃。守灵时要上香，点蜡烛，看好脚后灯。

天外入材 旧时如果死者不是本宗族的人，或者因为特殊的原因不是死在自己家里，那么遗体不能进入灵堂，应该放在露天的谷场或者其他露天场地。在那里铺一块板，设好帐子，罩盖遗体，这称作"天外入材"。后来这个习俗慢慢改掉，但有许多地方还是保留着这样的习俗。奉化人常用"天外入材"咒人，意思是这个人不得好死。

出丧 出殡，村里叫"出丧"。一般遗体安放三天后就要出丧，也有放五天七天，或请人择黄道吉日出丧的。出丧一般在早上进行。

解喇 出丧前要斩符，即念师在一张白纸上写字符，用刀斩戳于死者子孙居所的门上方，同时要解喇，即念咒。两者的目的是不让鬼进家门骚扰子孙。

路祭 出丧路上遇到过桥，孝子孝孙要背棺材，生怕死者碰疼摔疼，还要呼一声"过桥啦"，烧"桥头码"，即买路钱。"四将军"要挂一挂棺材（停下来休息一会，用木柱支撑杠的各一头，让棺材悬着），以让鬼们分买路钱（包括纸钱、米、茶)。一路洒洒,让鬼们喝个痛快,否则棺材会变得很沉,抬也抬不动。据说棺材有轻重之分,这与死者体重无关,而与死者走得是否安心有关。死者不安心,棺材就沉重,甚至会抬不动。

下葬 出丧前"四将军"先到坟地,将坟内外清理干净,外部要除去杂草等物,内部要烧芝麻秆,一为温暖舒适,二取"芝麻开花节节高"之意,为子孙招福。灵柩运到山上后,将其放在坟前,下垫竹条,捅进坟内,要对准坟口,不许有大的偏差。捅进前在棺材上撒米,众儿媳则抢材头米,动作越快越好,回家藏好,来年养蚕便会旺,因"材"与"蚕"谐音。四根木柱则被儿子们分去,拿上它飞速回家,放于床下,以借木柱挂一代代人,代代相传。其余送葬者循原路返回,进丧家门须跨越门前燃烧着的稻草堆,俗称"木草马",以除去晦气。送丧者离开丧家无须告别,径直回家,丧家也不会送。

吃晚饭前去"关山"。共需16碗饭菜,点上香烛。其实就是为死者在阴间办"进屋酒"。

下葬后第三天望坟,要绑火烛尾巴(即用草扎成的一个个结的尾状之物),拿上灯笼,意为父辈交给的香火不会中断。

劈符 关山结束后,还要请僧人或者巫师劈符,就是画一个咒符,贴在本家族人的家门框上,让死者的灵魂见到这个符就不会进来。

做七 做七俗称"转七",按死者去世之日算起,每隔七天做祭奠羹饭。其中以头七、五七、七七为大七,也有逢单做大七。五七谓死者在"望乡台",有不吃家乡饭之说,由女婿祭奠。有的地方是六七由女婿筹办。至七七,称"断七"。在做七这四十九天中,如日子与初七、十七、二十七相重,称"重七",须补做一次,延至做百日、做周年,至三周年止。如死者去世在过年前几日,做头七须跨越新旧年,则可免去转七。

第一个七叫"头七",做头七时要摆上香烛,茶三碗、酒三杯、饭三碗,两个白煮鸡蛋给解差吃,焚烧心经或阿弥陀佛经;第十四天做"二七"加一碗菜,其他不变。"三七""四七""五七",菜都要在原有基础上增加一碗,其他不变。"六七"由女儿来做,比较隆重,叫亲朋好友帮工都来吃,以表感谢,"七七"像六七一样隆重,由儿子和女儿同做,以后就是百日纪念和周年纪念。

现在因为子女工作关系,如果死者是在年内去世,做七可以一次性做完。也就是头七就做完,七次一次性完成,经全部烧完。如果是年外,必须分开来一次一次做。

6. 生辰寿诞习俗

生育习俗

繁衍生息、传宗接代是人类的本能，旧时医学不发达，结婚两三年如还没有生孩子，就认为是老天不予自己子嗣，便会去庙里求送子观音。

求子 结婚后，如有两三年没得子女，或者生孩子难产的，习惯祈求菩萨保佑，夫妻双方或者其父母准备糕点去村里庙里祈拜，祈求菩萨保佑自己早生贵子早得福，做产顺利平安。

分娩后 姐妹、兄弟、姨妈、舅妈等近亲要送生姆羹，一般长面一包、鸡蛋28个、花生三斤。娘家则要特别客气，加肉挑担，上放五样食品（榨面、肉、鸡、蛋60—120个），还有鲞燉肉和红枣花生等，分别表示"红枣核子两头尖，生出儿子做神仙。花生有花，子孙人丁兴旺"的意思。如果分娩期已过还未生，娘家要送催生羹。旧时没有医院，一般由本村或者附近的接生婆接生。

坐月子 产妇生后三日不吃荤，这样孩子不会有奶腥气，以后要多进鱼肉，注重营养。第三天分送相亮羹，即一杯糯米饭加红糖，送给前后闾门，表示出生的孩子以后和其他孩子相处和睦。当天灶头摆两大碗，放上三颗红枣、三颗花生，拜后把花生、红枣分给村里几年不生育的人家，表示希望他们也早日生产。当天晚餐可请左邻右舍吃戒嫌饭。

满月与周岁习俗

旧时医学不发达，初生的婴儿多有夭折，为保孩子健康成长，在孩子满月、周岁时都要敬神祭祖。

满月 孩子出生满一个月，一般办满月酒，邀请送过生姆羹的人来吃饭，送礼一般是二金（金果）二水（水果），客气的送四金四水。这一天要给孩子剃头，剃去胎发。剃发时候前面放算盘或者书本，胎发剃下来后，放在书本上，表示会读书，然后挂上长命线表示长命百岁。也有在孩子后脑勺半部留一绺头发的习惯，叫孝顺发。这一天，外婆叫娘舅或者姨妈来女儿家领外甥，外甥的鼻子上要涂点墨，叫"乌鼻头官望外婆"。

周岁　孩子周岁了，外婆要送帽子、衣服、鞋子给外孙穿，有钱人家还要送金锁片、玉镯等。这天，一拜菩萨，祈求孩子平安顺遂，长命百岁；二办周岁酒，请至亲好友吃饭，赴宴的也可以送礼祝贺。

（三）民间文学

1. 传说故事

关于栖霞坑村来源的故事

相传明朝末年，大堰人来到栖霞坑前门山采集竹笋壳，他们将饭蒲包挂在树上，然变故横生，遂弃饭蒲包逃命。第二天回到原地，发现蒲包还在，打开一看，饭居然还是热的。于是有个姓王的人便迁入这里居住，之后慢慢繁衍开来。

（口述：王孝安　整理：陈引轮）

王寿法打赌赢蹄髈

栖霞坑村地处山区，山多地少，许多人依靠挑担来维持一家人的生活。每逢毛竹出产大年，村里有80万斤毛笋要运到亭下排埠头。

靠山吃山，在这种情况下，挑夫的行业应运而生，村里有200多个人都在从事这一行业，一般的挑夫能挑250至300斤。从村里到亭下有20多里山路，第一位挑夫挑上小晦岭，后面的人在洪村庙还刚起身，足见队伍之庞大。

有一次，大家挑得气喘吁吁之时，有人提议在水口庵停一下，趁机休息休息。于是大家一边拿出干粮和水补充体力，一边有说有笑。这时候，有个人说："从水口庵起步，如果有人能够不停下来休息，一口气挑到洪村庙，我愿意拿出一只猪蹄髈来打赌。"马上他又说，不论什么人，随你选一个。别人附和道，这根本不可能做到，这么长的山路，不休息一下怎么可能挑到呢。这时，有一个人站出来，想赢这个蹄髈。"蹄髈是好日场头才有的一道菜，如果我赢了蹄髈我家里的婆娘和孩子该有多高兴啊。"这个人名叫王寿法，他为了自己能够取胜，挑了一个个子最小的人参与这次打赌。

被挑到的小个子也不服气,也想赢这个蹄髈,两个人铆着劲,开始挑,旁边的人一边挑一边观察着他们的举止。小个子一开始胜券在握,挑得很轻松,也走在王寿法面前。王寿法面不改色心不跳,他也不急,心里想着:就让你前面吧,我悠着点,慢慢来。毕竟路上不能停下来,不能用朵拄拄担。渐渐地,小个子吃不消了,汗如雨下,脸也白了。旁人劝他,再打赌打下去,要出人命的,还是赶快休息一下为好。小个子听了大家的劝,一屁股坐在地上,也不管地上脏不脏,真正累瘫了。王寿法见状,心里的石头落了地。他还是慢吞吞地,一步一个脚印,终于挑到了庙门口。

王寿法用自己的实力赢得了一只蹄髈,那天,村里有好多人都去他家吃蹄髈了,这蹄髈来之不易。

(搜集整理:陈峰)

种田能手的故事

在栖霞坑村,王裕九、王更三两兄弟是种田能手。但他们一开始并不是专门种田,而是斫柴的,这里面有一个故事。

有一次,王裕九和王更三相约去邻村斫柴爿。到了邻村,正好赶上他们的种田(即插秧)季节。那边的人因为种田的人手少,所以愁得发慌。为了不错过季节,耽误农事,村里人只好外村请来插秧能手帮忙。其中有一户人家特别心诚,居然用轿子去请种田师傅。

这件事被当时斫柴爿的王裕九、王更三知道了,他们想这真是好啊,种种田还能坐轿子。他们相约去问主人家,到底有没有这件事,主人家对他们说明了原委,兄弟俩听了哈哈大笑,说:"种田坐轿子还是头一回听说,种田这种事我们也可以搞定。"第二天,他们俩也去种田了。在一丘方形的田中央,种了一行直的,一行横的,如十字形,然后回家吃饭了。等其他种田师傅吃完饭过去一看,傻眼了,这还怎么种啊。种田师傅没有办法种,只好回去了。

从此以后,每天都有人请他们兄弟俩种田,他们成了有名的种田能手。

(搜集整理:陈峰)

讲筒活菩萨

从前民间有个习俗,遇到人力无法解决的事情,总是请神汉替代菩萨给病人治病或者解决疑难杂症,叫作讲筒。民国时候,本村也有几起讲筒事件。一年大旱,庄稼都快枯死了。族长和其他房长商量请龙王降雨,到拷坑、茶溪、对头岩、镇亭山四处去请。人们到了镇亭山,村民积极投入,虔诚求拜,请菩萨保佑。村民中有个名叫王恩友的,突然开口称自己是镇亭山老龙王,当时人们纷纷跪倒,请他教乡亲们怎么做才能降雨。王恩友哈哈大笑,说:"栖霞坑大多数人对我很尊重,只有王后法对我不尊重,心里有鬼。"王后法在村里是有头有脸的人物,村里人不敢直呼他的名字,现在此人居然不畏强势,直呼其名。王后法大吃一惊,他想自己只是心里想想,这请龙之事好像小孩玩耍一样,没啥花头。不承想菩萨这么灵验,竟能知道自己心想之事,当时就吓得浑身发抖,忙向菩萨跪下,听他讲完后再起来。那次栖霞坑人请龙比其他地方顺利多了,村里第二天就下起了大雨,缓解了旱情。从此村里人都叫王恩友镇亭山菩萨。

此种风俗是迷信的产物,现在已不流行。

(口述:王孝安　整理:陈引轮)

2. 谚　语

夏至杨梅满山红,小暑杨梅要出虫。

秋分不露头,割割喂黄牛。

重阳一杀雾,晚稻要烂糊。

坐坐夏至日,困困冬至夜。

落煞冬至,干净过年。

六月半,蚊子使劲钻;七月半,蚊虫死一半;八月半,蚊子会死完。

清明断雪,谷雨断霜。

春霜弗露白,露白就出脚。

小满不满,芒种不管。

好汉不挣六月钱。

冬冷弗算冷,春冷冻死昂(牛仔)。

有稻无稻,高秋割倒。
太阳落山,地楼摆摊。
三百六十行,种田第一行。

3. 谜　语

两掰鲎,十支笔。(谜底:手)
左一片,右一片,隔个山头看弗见。(谜底:耳朵)
上边毛,下边毛,夜里毛对毛。(谜底:眼睛)
阿爹麻皮,阿娘红皮,生出儿子雪白脸。(谜底:花生)
青根绿叶开黄花,爬墙吸壁走人家。(谜底:黄瓜)
四角方方一丘田,一块一块卖铜钿。(谜底:豆腐)
白白一根虫,头里一点红,越吃越佝拢(萎缩的样子)。(谜底:香烟)
头戴红缨帽,身穿白龙袍,走起路来唱小调。(谜底:鹅)
八把尖刀,二把大刀,身背食罩,一听声音,横向就逃。(谜底:蟹)
白白胡须老公公,买斤豆,一边走一边漏。(谜底:羊)
外头白,里头黑,没偷东西也叫贼骨头(小偷)。(谜底:乌贼)
山上一盘磨,是人不敢坐。(谜底:蛇)
穿红着绿背刀枪,有人碰我哦(叫)爹娘。(谜底:刺猬)
两块石板对挖开,雪白姑娘跳出来。(谜底:河蚌)
头顶两只角,肩背一只镬(锅),只怕太阳晒,勿怕太阳落。(谜底:蜗牛)
小小一根虫,屁股吊灯笼。(谜底:萤火虫)
长脚黑身郎,拍手见阎王。(谜底:蚊子)
青石板,钉铜钉,日日夜里亮晶晶。(谜底:星星)
天上梨花落地面,太阳一出全不见。(谜底:雪)
千条线万条线,落到水里不见面。(谜底:雨)
没吃侬饭,没吃侬汤,还要扒我衣裳皮。(谜底:棕榈树)
一张眠床困(睡、躺)一百个小和尚。(谜底:火柴)
邋遢婆,邋遢婆,甜咸苦辣都吃过。(谜底:抹布)
楼台接楼台,层层接起来,上面白云飘,下面红花开。(谜底:蒸笼)

一根尾巴通天空,一根横梢在当中,山头一记(一下)松,下头(下面)扑隆通。(谜底:吊桶)

两兄弟拼只耳朵皮。(谜底:石磨)

白龙过海,头顶一轮红日。(谜底:灯笼)

七七四十九,头发捆扫帚,楼上滴滴答,楼下有人走。(谜底:伞)

长长弄堂,转弯火缸。(长长一条弄,转弯是只火缸。)(谜底:老烟管)

竹家出身,毛家对亲,黑龙江洗澡,白沙滩游戏。(谜底:毛笔)

暗洞洞,亮洞洞,十八将军抬勿动。(谜底:水井)

高高山登两只羊,牵拢一头碰。(谜底:纸窗)

一对明月,毫不残缺,躲在山下,左右分裂。(谜底:崩)

帝王面孔白,下世要做石(贼)。(谜底:碧)

弗生女人。(谜底:甥)

三点水,撇一撇,三只麻雀歇一歇,奇古嘎,奇古嘎,下头还有趴脚大。(谜底:溪)

一口咬掉牛尾巴。(谜底:告)

白白一根虫,头里一点红,进了仙人洞,勒勒会徇拢。(谜底:抽烟)

人走千里路弗移,吃鱼吃肉闲肚饥,下雨下雪弗湿衣。(谜底:做戏)

深山冷岙,乌风猛暴,黑刀子驼(放、拿)进,红刀子驼出。(谜底:打铁)

六脚四耳朵,走路起刨花。(谜底:耕田)

头尖尖,脚方方,同张眠床各间房,恩爱夫妻难同床。(谜底:坟墓)

爹的头,娘的脚。(谜底:尼姑)

远看一只桶,近看千个孔,千军万马驻城中,一个皇帝坐当中。(谜底:蜂桶)

不用斧头,不用刀,造起楼屋半天高。(谜底:鸟窝)

4. 楹　联

显应庙楹联

千古重楼连碧落,万年厚泽颂群黎。

千载威名崇祀典,万年宗社属神灵。

显应庙戏台上对联

历代衣冠皆从今日演,数人谈笑尽是古时风

显应庙廊房三个柱子上对联

八乡黔首沐名棠,四保黎民沾福泽。
一潭碧水沐深恩,半辟青山留千古。
护千家风调雨顺,保一方万民安宁。

匾　额

中匾额　　恩波千秋（周祖福　周祖安1993年仲冬助）
　　　　　泽被老生（王庆福1946年5月助）
上匾额　　赏善罚恶（康金娥1993年仲冬助）
　　　　　功绵万代（王圣媛1993年仲冬助）
下匾额　　民之父母（王忠金1993年仲冬助）
　　　　　惠我民生（王狄鹏助）

5. 俗语老话

儿子像娘,金子打墙。
头大官胚,脚大牛胚,手大贼胚。
头像水瓶底,一系吃弗浅。
头大享福,脚大劳碌。
阔嘴巴吃天下。
嘴上无毛,办事弗牢。
水牛屙白白大。
毛脚弗落泥,落泥苦一系（一生）。
矮子个,肚肠多。
呆人有呆福,烂泥菩萨坐瓦屋。
做官爹,弗如讨饭娘。

狗生狗值钿，猫生猫中意，自生自值钿。

有爹有娘珍珠宝，呒爹呒娘路边草。

爹做官，儿享福。

早生儿子，早得力。

只可生败子，弗可生呆子。

拳头打出外，手背弯进里。

长子不得力，苦到脚骨直。

丈母娘看女婿，越看越欢喜。

（四）宗姓家谱

1. 修谱历史、文本状况

栖霞坑村留传《王氏宗谱》《周氏宗谱》，目前真迹仅存部分《王氏宗谱》，为栖霞坑村王孝安在劫难中抢救出来，是村里唯一的珍贵文物资料，同时也成为栖霞坑村历史发展和文化传承最有力的证据，为栖霞坑村成为宁波传统文化村落遗址和国家级传统村落奠定基础。目前，《王氏宗谱》由王孝安精心保存，之前有人建议原本复印，目前有王康华、王爱国、王康位、周水君等十多户人家收藏有复制品。奉化区档案馆也收藏有一份。

王氏家族自三府君为师祖以来，人口逐渐增多，因而开始修编宗族家谱。同时请外村有才能的德高望重的人来协助管理此事。家谱修编过程中，内设族长总理、房助分理、监理等职务，各项事务经大家协商而定。族长是最高领导，总理次之。据历史记载，规定自入谱后，每隔三十年再续谱，把村里王氏后人，不管在海内外，统一列入家谱之内，宗族重要事情一律记入谱内，故称之为宗谱。

《王氏宗谱》设立后，曾多次续谱，最后一次是在民国甲寅年（1914），距今已经有一百多年了。有天地上下之分，宗谱设立上下辈分，从三府君开始下立20个排行。甲寅年后增设10个排行。

2011年，王氏宗祠重修，把原来的房屋全部重修刷漆过后，整个宗祠焕然一新。

先祖们建造王氏宗祠极不容易，为启示王氏子孙继承先祖事业，保护遗产，传至万代，祠堂上高挂"敬承堂"匾额，以示威严。同时在祠堂左边设立一块石碑，上书建造经过、30个排行以传后人，永留于世，香火不绝。

栖霞坑村《周氏宗族》家谱修谱历史

周氏垣羲公由江西来，知黄岩县事，遇到兵变历迁奉川广渡，延十三世，清臣公一支居东岙，其子德寿公由东岙迁居栖霞坑。当时排辈依照王氏，后因人多出自嘉字辈，嘉品倡议自立家谱，有字辈后与王氏各立排辈。

历次修谱年份如下：

康熙五十五年（1716）	乾隆甲戌年（1754）冬月
嘉庆戊午年（1798）冬月	同治四年（1865）乙丑月
光绪十五年（1889）乙丑	民国四年（1915）乙卯春仲（1915—2013，98年未进谱）

中华人民共和国癸巳年（2013）采访本

周氏家族在民国时期有一部分人已经迁居尚桥、安吉、宁波城区、上海、西阮等地。改革开放后，更多的人迁居他乡，在外打工落户，住在本村的已不多。《周氏家谱》在"文革"中被当作"封资修"焚毁。为了家族的传承、文化的抢救，周氏子孙进行了广泛的搜寻，将周氏的家族世系订成本子，分藏于各有关人士处，作为历史凭证，并且各自可以此作为继续搜寻采访的记录。

2. 家训、宗训

栖霞坑王氏家族家训

以国家民族为重，保护村庄自家次之；
尊敬长辈孝为本，保护幼小，不能以大欺小；
今后子孙不能为匪作盗，要自立勤俭持家；
夫唱妇随，同心协力，邻里和睦；
齐心协力，共建家园，永不褪色。

栖霞坑周氏宗族家训、宗训

能忍则安，乐在其中；

服从领导，勤俭节约，勤劳致富；

出门靠嘴老实、手老实；

出门靠朋友，在家靠父母；

孝敬长辈；

家和万事兴；

做老实人，办老实事；

互相帮助。

（以上采自村民口述）

3. 辈分、排行

王氏辈分

第一轮：朝—廷—三君府；

第二轮：洪—仲—德—积—富—能—世—尚—绍—嘉—士—有—其—昌—庆—忠—孝—显—文—华；

第三轮：崇—义—宗—圣—道—瑞—美—定—安—和。

周氏辈分排行

上祖源流图：

垣羲公—孟英—魁显—万策—四组—善昌—敦农—养吾—万声—表元—仍二—闲翁—清臣

自广渡徙居东岙后，德寿公卜宅栖霞，以清臣公为一世，行第二十四，已到昌字辈。

清德荣文—尚绍嘉士—有道兴邦—肇端自昌—仁圣承起—永世传芳

下面新增参考：广私科品　英贤秋波　秀水长行

宁波传统村落田野调查·栖霞坑村

六 诗文选录

（一）诗 选

1. 栖霞胜景诗

咏栖霞胜景

王梦槐

赏游胜昨乐陶陶，地僻幽居是我曹。
绕宅四围淇澳竹，缘溪一带武陵桃。
门遮雪窦千嶂山，坑爱栖霞水半篙。
雁齿石桥临蓼岸，龙鳞仙树听松涛。
屏山拥户光迎翠，宝石横溪浪着高。
步到鹰岩苔衬屐，登将虎岭草龇袍。
鼓潭响急鱼惊梦，雷崩峰巍鸟独嘈。
石佛偷闲常稳睡，似嗤狮象捍门劳。

2. 栖霞十景诗

徐凫岩

明·楼则中

一片悬崖势插天，昔人曾道此登仙。
凫飞赤舄凌银汉，鹤载瑶笙渡紫烟。
洞口云开疑有路，涧头松偃已多年。
袈裟此去探灵迹，须了三生石上缘。

笔架秀峰

明·汪纶

石耸三山似削成，天开神秀应文明。

空中雨露千年润,海上虹霓五色横。
春日临池涵藻思,晓云开阁散幽情。
从容对此歌诗雅,因想高岗彩凤鸣。

擂鼓潭

毛 润

溪滨何处鼓鼙声,过客曾闻乍欲惊。
会是钧天奏广乐,还疑溪将出雄兵。
雨余坎坎音靡壮,风争渊渊听自明。
子晋当年如领此,定应一曲和瑶笙。

雷峰日照

江 镐

势峰雷山峻,日光独早朝。
宵间喧瀑布,云里落松涛。
辉射千岑上,烟笼万壑遥。
晚来登绝顶,犹见夕阳高。

四明栖霞

王懋基

桃花随水逝,柳絮带烟垂。
地僻人来少,山高日到迟。
鹰岩啼暮鸟,虎岭秀繁枝。
曾有前贤隐,吾今亦乐斯。

仙松倚岩

俞思问

巑岏层岩秀独钟,势悬身睡倚仙松。
灵根拔地霜痕厚,老干参天雪影重。

坚比石棱高数丈,劲标山骨挺三冬。
几经盘错成鳞甲,知有虬枝欲化龙。

石佛卧溪

竺起蛟

一石天生俨佛身,无言长卧曲江滨。
亲沙岂是沙弥子,傍岸偏同岸异人。
精固凭过千尺浪,眼空任乐万家春,
听鱼读月情何逸,含笑迷途欲问津。

双桥广济

王懋基

环门曲水泻清流,坑窄涯悬窘渡舟。
鞭石不须山对锁,叱鼋无待路空浮。
澄波落影惊虹断,浊浪喷声壮砥留。
最是坎窞双卜筑,百年过客乐悠悠。

鹰岩耸秀

王懋基

巉岩插嶂势增高,拟象如鹰下九皋。
飞倦得林姑戢羽,养深多日正添毫。
孤峰特起殊熊耳,古木纷披混燕毛。
尤爱棱棱形似嘴,几将同鹿食草蒿。

坑名桃花

王梦槐

水复山重路又赊,桃花坑里有人家。
溪唇乱落如红雨,洞口纷披赛绛霞。

艳透鹰岩频舞蝶,荫迷虎岭每栖鸦。
问津可有渔郎否?也胜武陵景物嘉。

3. 栖霞八景诗

鹰 岩

明 · 董昌明

若个岩蹲曲径隅,依稀鹰幻作形殊。
春深草碧藏钩爪,秋肃霜浓缀玉珠。
昂首云间非攫兔,攲身厓上似愁胡。
行人过此争相讶,谓是轩楹势可呼?

笔架秀峰

竺起蛟

劈立巉岩透数峰,俨如笔架异芙蓉。
高卑列像云情淡,紫白分形雨意浓。
影密千竿君子竹,林深几树大夫风。
非无涧水资桑砚,特待江生写素衷。

雷峰日照

王嘉友

莫峻惟山比华嵩,日光普照影偏红。
何异月岭迷晨雾,最爱雷峰度晚风。
高不出声春启蛰,静将闻响夜归鸿。
牛羊并下情如追,不畏天威恐路穷。

四明栖霞

赵青照

云临南北两无依,特起霞光向僻飞。
笔架峰高春紫淡,鹰头竟窄晚红肥。

随风并静横樵径,伴日长浮映钓矶。
坑坎殊同沦海曙,谁云此地赤城非?

神仙睡松

王懋基

何时仙子入林端? 地耸墙危任意观。
身睡来窥行路客,势悬出望隔溪滩。
灵枝岁月千年碧,老干风霜九转丹。
自是刘阮游处后,不知几次上天坛。

咏长安桥

王懋基

小息亭中倚短栏,因知桥号锡长安。
半圭恍若虹霓影,全璧犹疑皓月团。
樵子不嗟涉水苦,行人免叹履冰寒。
肩摩毂击皆攸利,此地原非蜀道难。

石佛卧溪

江 镐

谁移佛像在山陬,长卧霞坑几百秋。
羽化何心幻作石,飞升无意俯旁流。
岂缘手指常成物,似为谈元早点头。
欲见如来无定处,何须竺国上方游?

擂鼓潭

江 镐

潭深水响独传名,如鼓擂时一样声。
咽咽长鸣非为醉,渊渊连击不因兵。
捣衣溪女嫌流促,垂钓渔翁讶石崩。
一月滂沱巨浪落,卧龙惊起欲飞腾。

4. 其 他

奉和鲁望四明山九题·过云

唐·皮日休

粉洞二十里,当中幽客行。
片时迷鹿迹,寸步隔人声。
以杖探虚翠,将襟惹薄明。
经时未过得,恐是入层城。

四明山诗·过云

唐·陆龟蒙

相访一程云,云深路仅分。
啸台随日辩,樵斧带风闻。
晓着衣全湿,寒冲酒不醺。
几回归思静,仿佛见苏君。

同诸隐者夜登四明山

唐·施肩吾

半夜寻幽上四明,手攀松桂触云行。
相呼已到无人境,何处玉箫吹一声。

桃花坑歌

王景才

  一宵梦骑鲸,凌风直上云。云深仿佛烟霞外,一溪初入千花明。路逢东方朔,借问此何地?但云西王母,误向瑶池会。艳阳天气蒸红霞,乃知触目皆□中有楼台绚金碧,别是景象非人家。我疑武陵溪,不见渔郎放舟入,指点归路花间迷。又疑天台山,不见刘郎采药处,仙姝玉女迎笑乎。其间但见飞花乱,落千丈之飞泉,溪云流出红斑斑。觉来枕席萝月底,毛骨至今清似洗,一朝飞上妙高台。想象神游无乃是,岩边笑指云深处,依旧桃花满千树。谁知应梦在名山,几度春风等闲去。上人谈元坐花下,我亦从之入蓬社。石潭神龙听法去,天雨宝花如斗大。回头却见徐凫仙,拍手招我青崖巅。他年来赴蟠桃会,石上共话三生缘。

（二）文　选

栖霞坑记

　　余四明剡东人也。性僻而好闲,每寓意于泉石,驰情乎山林。平生尝慨然曰:风月林泉,以为我主人而已。日者偕二三同人,游覆卮山,寻至棠溪,经莲花峰下,将览九曲丹霞之胜。道过栖霞,适与王子正甫遇,延至其家。少长咸集,宾主秩然,慷慨谈心。余遂访其里居姓氏,王子曰:余系出琅琊,卜宅于斯,盖数百年于兹矣。居四明七十二峰之西,即古所谓桃花坑也。迄今坑则仍其旧,名屡更矣。昔之人见夫野色溪光,碧山红树,华丽靡常,地近乎西,故族以谓西华。后之人以其地多桃花,三春花发,烂漫掩映,俨若霞蒸,复更其名而谓之栖霞。隐士竺汝舟先生与太白禅师往来其间,尝曰:旧是神仙宅,今为长者居,殆地灵而人杰焉。言迄茶罢,遂邀同人与余共游其地。夫是地也,有崇冈峻岭,茂林修竹,叠叠重重,葱葱郁郁,屏山西映,怪石高矗,诗而记之。名人戴澳,有松名仙。悬崖道扑有名,石佛临溪熏沐。山如猛虎之出林,岩若饥鹰之剥啄。秀挺夫雷峰锦藏于霞谷,宝石砥流,擂鼓渊穆,青狮白象,捍门谨肃。山川之胜,不可手掬,贤人君子,于焉钟毓。对此佳景,聊以展幅。

时咸丰重光作噩上巳前一日
岁进士候选儒学教谕逸帆童振声志

宁波传统村落田野调查·栖霞坑村

七 乡贤英才

（一）古代先哲

王子校：清朝道光时人，居村三门头。当时宁波半边街的钱粮没有着落，王子校全部承担下来，交了半边街的税，就这样，半边街归属于栖霞坑村。

王海水：清朝商人，居村洽成里，出资建造洽成阊门、王氏祠堂、式穀堂。

（二）近代英才

王恩溥：生于1888年。祖辈世代经商，父亲曾在亭下开设王洽成药店。王恩溥小时候聪慧伶俐，读过私塾，当过药店学徒。长大后个性刚强，身强力壮，同溪口的蒋介石、许江岸村的董凤阳、剡岙的陈泉卿、肖王庙的何先德、班溪的章云、石门村的毛如水、亭下镇上的沈新成和陈世荣等结拜为"十兄弟"。这十兄弟，初是把兄弟式的结合，"有福同享，有难同当"，纯属江湖义气。之后蒋介石、周淡游（日宣）留日参加同盟会归国，常晓以革命大义，才渐渐步入正途，立誓为推翻帝制、缔造中华而努力。1916年5月，王恩溥与蒋介石在栖霞坑谋划革命事宜，不幸被捕，被反动军阀处以极刑，壮烈牺牲。王恩溥的坟墓筑在其出生地栖霞坑村前的山上。

王忠桥：又名王子夏，民国时期宁波江东工商会会长。抗战时期，曾痛打汉奸日本翻译，深得老百姓敬重。为村办学校捐献课桌椅40套。

（三）当代精英

王祺国：毕业于西南政法大学，现任浙江省检察院副检察长。

王兰萍：女，毕业于中国财经大学，曾经在财政部工作，财政部三省一市巡查员，后调职财政部驻深圳办事处副主任，现在深圳市创业。

王文国：奉化政法委副书记。

王国良：奉化监察局副局长。

王裕国：奉化民政局党委委员。

周金坤：村内五个志愿军之一，任排长。复员后曾任江苏省溧阳县组织部部长，代理县长。

周燕丰：杭州某医院主治医生，医学博士。

王刚：清华大学研究生，毕业后留校工作。

图片档案

—— 村落面貌

—— 历史见证

—— 物质文化遗产

—— 民俗生活

—— 生产方式

—— 人　物

—— 现　状

中国传统村落立档调查（图片）归档表

村落名称：栖霞坑村

所属省市乡（镇）：浙江省宁波市奉化区溪口镇

拍摄者：陈引轮

拍摄时间：2017年1月—2018月7月

分类	分类号	图片编号	说明	备注
A 村落面貌	A-1 村落全貌	A-1-1	从东南往西北看栖霞坑村	—
		A-1-2	从东北往西南看栖霞坑村	—
		A-1-3	从东往北看栖霞坑村	—
	A-2 村落与 自然关系	A-2-1	村口弥勒卧佛处（已经被泥沙掩埋）	—
		A-2-2	前门山	—
		A-2-3	后门山	—
		A-2-4	溪坑从村中流过	—
		A-2-5	村东南边洽成水库	—
		A-2-6	村口洽成水库	—
		A-2-7	栖霞坑古道1	—
		A-2-8	栖霞坑古道2	—
		A-2-9	狮子山	—
		A-2-10	白象山	—
		A-2-11	笔架山	—
		A-2-12	徐凫岩	—

续表

分类	分类号	图片编号	说明	备注
A 村落面貌	A-3 村落不同角度的景象	A-3-1	上宅局部	—
		A-3-2	中宅局部	—
		A-3-3	下宅局部	—
		A-3-4	村落中部局部	—
	A-4 主要街巷	A-4-1	村中主道路	—
		A-4-2	太原阊门旁小路	—
		A-4-3	下阊门小巷	—
		A-4-4	水冲头巷道	—
		A-4-5	方丘桥	—
		A-4-6	三岔口巷	—
		A-4-7	大水坑巷道	—
	A-5 重要公共空间	A-5-1	老年活动室	—
		A-5-2	丧事服务中心大门（原三门头祠堂）	—
		A-5-3	丧事服务中心内院	—
		A-5-4	村委会	—
		A-5-5	水冲头水池	—
		A-5-6	文化活动中心（规划图）	—
		A-5-7	公共汽车站候车亭	—
	A-6 自然特色	A-6-1	夏天的栖霞坑村（村中部分景色1）	—
		A-6-2	夏天的栖霞坑村（村中部分景色2）	—
		A-6-3	夏天的栖霞坑村（大丘田等）	—
		A-6-4	冬天的栖霞坑村	—
		A-6-5	冬天的栖霞坑溪水坑	—
B 历史见证	B-1 村落历史见证	B-1-1	村口的古树	—
		B-1-2	北丁山脚下的古树	—

续 表

分类	分类号	图片编号	说明	备注
B 历史见证	B-1 村落 历史见证	B-1-3	洽成祠堂	—
		B-1-4	长安桥上的亭子	—
		B-1-5	栖霞桥	—
		B-1-6	栖霞坑古道石刻	—
		B-1-7	溪坑"钟灵毓秀"石刻题词	—
		B-1-8	栖霞坑古道上的唐诗石刻	—
		B-1-9	栖霞坑古道穿心亭	—
		B-1-10	栖霞坑古道盘古岭石桥	—
		B-1-11	栖霞坑古道上半岭庵边的古枫树	—
		B-1-12	善居室	—
		B-1-13	维新堂	—
		B-1-14	显应庙	—
		B-1-15	典型的闾门房子构造	—
	B-2 家族 历史见证	B-2-1	王氏宗谱1	—
		B-2-2	王氏宗谱2	—
		B-2-3	王氏宗谱3	—
		B-2-4	王氏宗谱4	—
		B-2-5	王氏宗祠内王氏宗族碑文	—
		B-2-6	王氏宗祠"敬承堂"匾额	—
		B-2-7	王恩溥墓	—
		B-2-8	王氏祖坟1	—
		B-2-9	王氏祖坟2	—
		B-2-10	王氏祖坟3	—
	B-3 其他 有年款的 遗存	B-3-1	半岭庵	—
		B-3-2	永济桥	—

续表

分类	分类号	图片编号	说明	备注
B 历史见证	B-3 其他有年款的遗存	B-3-3	长寿桥	—
		B-3-4	长安桥	—
		B-3-5	太原阊门上方装饰	—
		B-3-6	洽成阊门敞堂间历代喜报	—
		B-3-7	万顺商店	—
		B-3-8	公社化时期门牌号	—
		B-3-9	王氏宗祠修缮出资榜	—
C 物质文化遗产	C-1 公共遗产	C-1-1	显应庙	—
		C-1-2	显应庙戏台	—
		C-1-3	显应庙戏台庑殿顶	—
		C-1-4	王氏宗祠	—
		C-1-5	王氏宗祠办喜事场地	—
	C-2 民居建筑	C-2-1	洽成阊门	—
		C-2-2	洽成阊门正门	—
		C-2-3	洽成阊门马头墙	—
		C-2-4	洽成阊门敞堂间	—
		C-2-5	洽成阊门骑马檐	—
		C-2-6	洽成阊门院子	—
		C-2-7	洽成阊门堂前花格木门	—
		C-2-8	洽成阊门门户矮门	—
		C-2-9	洽成阊门墙上花窗	—
		C-2-10	洽成阊门敞堂间花门	—
		C-2-11	洽成阊门廊檐庑殿顶	—
		C-2-12	洽成阊门右大房	—
		C-2-13	上阊门 1	—
		C-2-14	上阊门 2	—

续 表

分类	分类号	图片编号	说明	备注
C 物质 文化遗产	C-2 民居建筑	C-2-15	上闻门3	—
		C-2-16	上闻门4	—
		C-2-17	上闻门边门	—
		C-2-18	上闻门矮门	—
		C-2-19	上闻门骑马檐	—
		C-2-20	前门山民居	—
		C-2-21	太原闻门1	—
		C-2-22	太原闻门2	—
		C-2-23	前门山住宅1	—
		C-2-24	前门山住宅2	—
		C-2-25	三门头旧址颓垣	—
		C-2-26	三门头民居	—
		C-2-27	原庵下	—
		C-2-28	民用茅坑	—
E 民俗生活	E-1 日常 生活场景	E-1-1	流动摊卖菜	—
		E-1-2	村民头菜	—
		E-1-3	劈柴1	—
		E-1-4	劈柴2	—
		E-1-5	村民闲聊	—
		E-1-6	冬天晒太阳1	—
		E-1-7	冬天晒太阳2	—
		E-1-8	冬天晒太阳3	—
		E-1-9	洗衣服	—
		E-1-10	织毛衣	—
		E-1-11	挖兰花回家	—

续表

分类	分类号	图片编号	说明	备注
E 民俗生活	E-1 日常生活场景	E-1-12	煮茶叶蛋	—
		E-1-13	燀马铃薯、玉米、笋	—
		E-1-14	拉货	—
		E-1-15	小孩玩耍	—
		E-1-16	古道上卖土特产	—
		E-1-17	烧开水	—
		E-1-18	生煤炉	—
		E-1-19	邻里送菜	—
	E-2 礼俗生活场景	E-2-1	年糕版	—
		E-2-2	立夏称人	—
		E-2-3	清明上坟	—
		E-2-4	清明上坟坟头插幡	—
		E-2-5	清明上坟拜土地菩萨	—
		E-2-6	端午节插艾草	—
		E-2-7	端午节插菖蒲	—
		E-2-8	逢年过节看大戏	—
	E-3 家居信仰	E-3-1	供奉灶梁菩萨	—
		E-3-2	贴灶梁菩萨像	—
		E-3-3	贴符	—
	E-4 交通工具	E-4-1	三轮摩托车	—
		E-4-2	手拉车车杠	—
		E-4-3	手拉车车轮	—
F 生产方式	F-1 日常生产场景	F-1-1	挖毛笋	—
		F-1-2	挖雷笋	—
		F-1-3	打花木泥球	—
		F-1-4	编竹器	—

续 表

分类	分类号	图片编号	说明	备注
F 生产方式	F-2 生产工具	F-2-1	石磨	—
		F-2-2	捣臼、捣杵	—
		F-2-3	萝卜丝刨板	—
		F-2-4	斗笠	—
		F-2-5	蓑衣	—
		F-2-6	风箱	—
G 人物	G-1 村民肖像	G-1-1	村民王孝安	—
		G-1-2	村民肖像1	—
		G-1-3	村民肖像2	—
		G-1-4	村民肖像3	—
		G-1-5	村民肖像4	—
		G-1-6	村民肖像5	—
		G-1-7	村民肖像6	—
H 现状	H-1 近年来村落的新变化	H-1-1	新建的村委会	—
		H-1-2	村口新建的民宿	—
		H-1-3	修建中的方斤桥	—
		H-1-4	新建的老年活动室	—

A 村落面貌

A-1 村落全貌

A-1-1 从东南往西北看栖霞坑村

A-1-2 从东北往西南看栖霞坑村

A-1-3 从东往北看栖霞坑村

A-2 村落与自然关系

A-2-1 村口弥勒卧佛处（已经被泥沙掩埋）

A-2-2 前门山

A-2-3 后门山

A 村落面貌

A-2-4 溪坑从村中流过

A-2-5 村东南边洽成水库

A-2-6 村口洽成水库

A-2-7 栖霞坑古道1

A-2-8 栖霞坑古道2

A-4 主要街巷

A-4-1 村中主道路

A-4-2 太原阊门旁小路

A-4-3 下闾门小巷

A-4-4 水冲头巷道

A-4-5 方丘桥

A-4-6 三岔口巷

A-4-7 大水坑巷道

A-5　重要公共空间

A-5-1 老年活动室

A-5-2 丧事服务中心大门（原三门头祠堂）

A-5-3 丧事服务中心内院

A-5-4 村委会

A-5-5 水冲头水池

A-5-6 文化活动中心（规划图）

A-5-7 公共汽车站候车亭

A-6 自然特色

A-6-1 夏天的栖霞坑村(村中部分景色1)

A-6-2 夏天的栖霞坑村(村中部分景色2)

A 村落面貌

A-6-3 夏天的栖霞坑村（大丘田等）

A-6-4 冬天的栖霞坑村

A-6-5 冬天的栖霞坑溪水坑

B 历史见证

B-1 村落历史见证

B-1-1 村口的古树

B-1-2 北丁山脚下的古树

B-1-3 洽成祠堂

B-1-4 长安桥上的亭子

B-1-5 栖霞桥

B-1-6 栖霞坑古道石刻

B-1-7 溪坑"钟灵毓秀"石刻题词

B-1-8 栖霞坑古道上的唐诗石刻

B-1-9 栖霞坑古道穿心亭

B-1-10 栖霞坑古道盘古岭石桥

B-1-11 栖霞坑古道上半岭庵边的古枫树

B-1-12 善居室

B-1-13 维新堂

B-1-14 显应庙

B-1-15 典型的阊门房子构造

B-2　家族历史见证

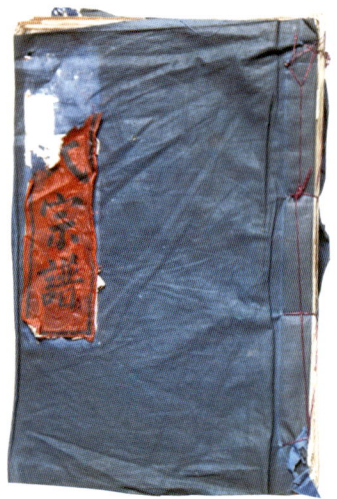

B-2-1　王氏宗谱 1

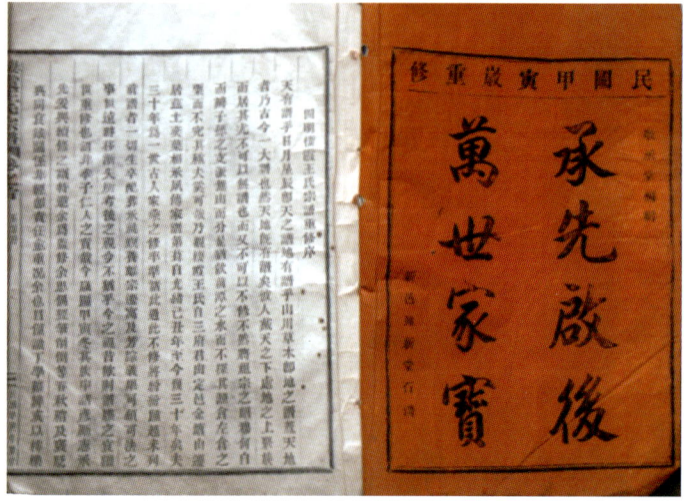

B-2-2　王氏宗谱 2

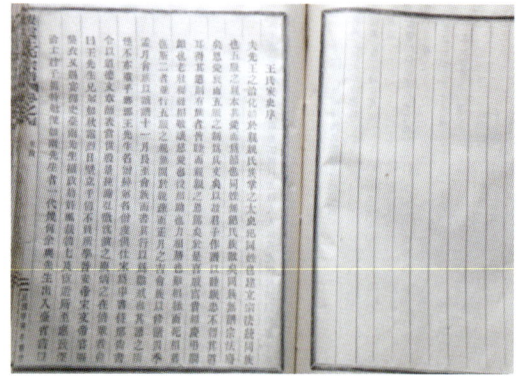

B-2-3　王氏宗谱 3

B-2-4　王氏宗谱 4

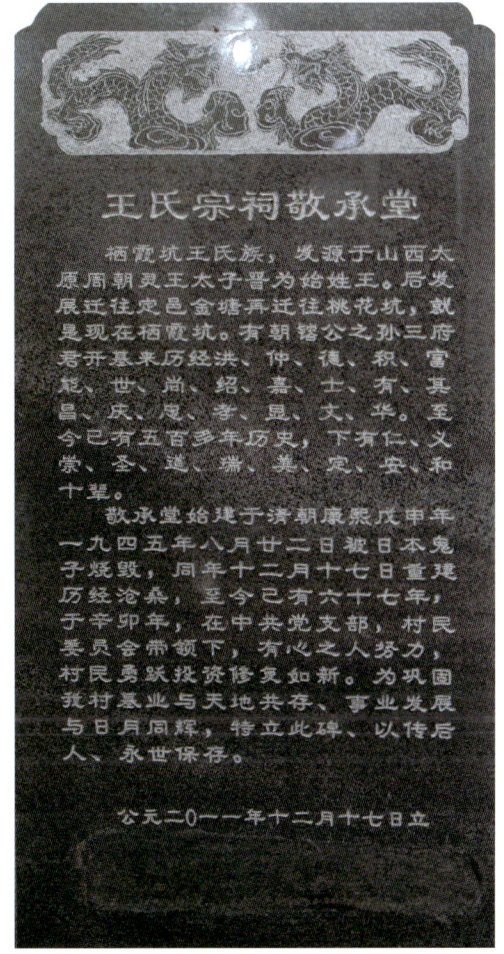

B-2-5　王氏宗祠内王氏宗族碑文

B-2-6　王氏宗祠"敬承堂"匾额

B-2-7　王恩溥墓

B-2-8　王氏祖坟1

B-2-9 王氏祖坟 2

B-2-10 王氏祖坟 3

B-3 其他有年款的遗存

B-3-1 半岭庵

B-3-2 永济桥

B-3-3 长寿桥

B-3-4 长安桥

B-3-5 太原阊门上方装饰

B-3-6 洽成阊门敞堂间历代喜报

B-3-7 万顺商店

B-3-8 公社化时期门牌号

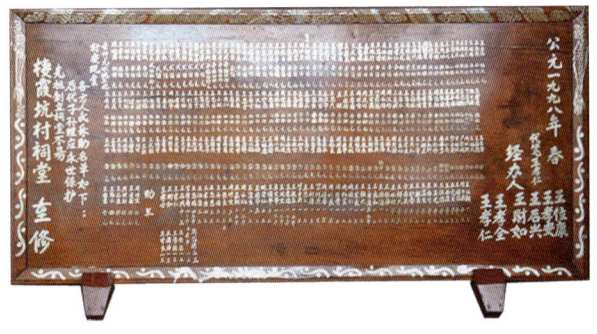

B-3-9 王氏宗祠修缮出资榜

C 物质文化遗产

C-1 公共遗产

C-1-1 显应庙

C-1-2 显应庙戏台

C-1-3 显应庙戏台庑殿顶

C-1-4 王氏宗祠

C-1-5 王氏宗祠办喜事场地

C-2　民居建筑

C-2-1 洽成阊门

C 物质文化遗产　　139

C-2-2　洽成阊门正门

C-2-3　洽成阊门马头墙

C-2-4 洽成闾门敞堂间

C-2-5 洽成闾门骑马檐

C-2-6 洽成闾门院子

C-2-7 洽成闾门堂前花格木门

C-2-8 洽成闾门门户矮门

C-2-9　洽成闾门墙上花窗

C-2-10　洽成闾门敞堂间花门

C-2-11 洽成阊门廊檐庑殿顶

C-2-12 洽成阊门右大房

C-2-13 上阊门 1

C-2-14 上阊门 2

C-2-15 上阊门 3

C-2-16 上阊门 4

C-2-17 上阊门边门

C-2-18 上阊门矮门

C-2-19 上阊门骑马檐

C-2-20 前门山民居

C-2-21 太原阊门1

C-2-22 太原阊门2

C-2-23 前门山住宅1

C-2-24 前门山住宅2

C-2-25 三门头旧址颓垣

C-2-26 三门头民居

C-2-27 原庵下

C-2-28 民用茅坑

E 民俗生活

E-1 日常生活场景

E-1-1 流动摊卖菜

E-1-2 村民买菜

E-1-3 劈柴 1

E-1-4 劈柴 2

E 民俗生活　153

E-1-5 村民闲聊

E-1-6 冬天晒太阳 1

E-1-7 冬天晒太阳 2

E-1-8 冬天晒太阳 3

E 民俗生活

E-1-9 洗衣服

E-1-10 织毛衣

E-1-11 挖兰花回家

E-1-12 煮茶叶蛋

E-1-13 燋马铃薯、玉米、笋

E-1-14 拉货

E-1-15 小孩玩耍

E-1-16 古道上卖土特产

E 民俗生活 159

E-1-17 烧开水

E-1-18 生煤炉

E-1-19 邻里送菜

E-2　礼俗生活场景

E-2-1　年糕版

E-2-2　立夏称人

E-2-3　清明上坟

E-2-4 清明上坟坟头插幡

E-2-5 清明上坟拜土地菩萨

E-2-6 端午节插艾草

E-2-7 端午节插菖蒲

E-2-8 逢年过节看大戏

E-3　家居信仰

E-3-1　供奉灶梁菩萨

E-3-2　贴灶梁菩萨像

E-3-3　贴符

E-4　交通工具

E-4-1　三轮摩托车

E-4-2　手拉车车杠

E-4-3　手拉车车轮

F 生产方式

F-1 日常生产场景

F-1-1 挖毛笋

F-1-2 挖雷笋

F-1-3 打花木泥球

F-1-4 编竹器

F-2 生产工具

F-2-1 石磨

F-2-2 捣臼、捣杵

F-2-3 萝卜丝刨板

F-2-4 斗笠

F-2-5 蓑衣

F-2-6 风箱

G 人物

G-1 村民肖像

G-1-1 村民王孝安

G-1-2 村民肖像1

G-1-3 村民肖像2

G-1-4 村民肖像 3

G-1-5 村民肖像 4

G-1-6 村民肖像 5

G-1-7 村民肖像 6

H 现 状

H-1 近年来村落的新变化

H-1-1 新建的村委会

H-1-2 村口新建的民宿

H-1-3 修建中的方丘桥

H-1-4 新建的老年活动室

附录 国家级传统村落栖霞坑村立档调查人员名录

负 责 人　　王富国（65岁，初中学历，栖霞坑村委会原书记）
　　　　　　　王国龙（44岁，高中学历，栖霞坑村委会书记）

采访调查人　陈引轮（61岁，本科学历，高级教师）
　　　　　　　王孝安（74岁，高小学历，栖霞坑村村民）

受访讲述人　周水君（75岁，初中学历，栖霞坑村村民）
　　　　　　　周炳华（74岁，初中学历，栖霞坑村村民）
　　　　　　　王富生（86岁，初小学历，栖霞坑村村民）
　　　　　　　周祖福（90岁，初小学历，栖霞坑村村民）
　　　　　　　王忠日（80岁，中专学历，栖霞坑村村民）
　　　　　　　王孝仁（89岁，初小学历，栖霞坑村村民）
　　　　　　　王国华（57岁，初中学历，栖霞坑村村民）
　　　　　　　王显亮（61岁，初中学历，栖霞坑村村民）
　　　　　　　王裕太（已故）
　　　　　　　王福仁（已故）

摄　　　影　陈引轮

编　　　校　陈引轮

采录时间　　2016年1月至2018年12月